위대한
발명품이
나를 울려요

발명품의 겉과 속 제대로 알기

위대한 발명품이 나를 울려요

햇살과나무꾼 지음

사□계절

위대한 발명품의 두 얼굴

"무거운 바위를 쉽게 옮길 수 있는 방법은 없을까?"
"새처럼 하늘을 훨훨 날 수는 없을까?"
 뭔가 불편한 것이 있거나 바라는 것이 있을 때 사람들은 줄곧 이런 생각을 해 왔습니다. 그리고 끊임없이 노력하여, 마침내 불편을 덜어 주고 꿈을 이루어 줄 새로운 발명품을 만들어 냈지요. 무거운 물건을 좀더 쉽게 옮기려고 노력한 결과 바퀴라는 위대한 발명품을 만들었고, 하늘을 날고자 하는 꿈을 버리지 않고 노력한 결과 비행기라는 놀라운 기계를 만들었습니다.
 이렇게 해서 태어난 발명품은 인류에게 많은 편리함과 기쁨을 주었습니다. 바퀴를 개발한 덕분에 운송 수단이 나날이 발달하여 걸어서 며칠씩 걸리던 거리를 겨우 몇 시간 안에 도착할 수 있게 되었고, 비행기를 개발한 덕분에 세계 어디든 이틀 안에 갈 수 있는 지구촌 시대가 열리게 되었습니다. 또 머나먼 별나라에 사는 친구를 만나 볼 꿈까지 꿀 수 있게 되었습니다.
 그러나 인류를 위해 개발된 발명품이 거꾸로 인류의 삶을 위협하는 경우도 적지 않습니다. 다이너마이트는 산업 현장에서는 안전한 화약이지만 전쟁터에서는 수많은 사람들의 목숨을 앗아가는 무서운 무기로 돌변합니다. 플라스틱은 뛰어난 신소재로 각광받으며 우리에게 편리함을 주었지만, 어마어마한 양의 쓰레기를 배출하여 지구 환경을 파괴하는 주범이 되고 있습니다.

생활의 편리함을 주는 위대한 발명품의 환한 웃음 뒤에 무서운 파괴의 그림자가 감춰져 있으리라고 누가 예상할 수 있었을까요? 하지만 위대한 발명품의 어두운 그림자는 우리도 모르는 사이에 우리를 조금씩 파멸의 낭떠러지로 몰아넣고 있습니다.

그래서 우리는 위대한 발명품의 밝은 면과 더불어 어두운 면을 함께 보아야 합니다. 동전에도 양면이 있듯이, 위대한 발명품 또한 온전히 장점만 갖고 있는 것은 아니니까요. 그리고 장점뿐만 아니라 단점까지 알게 되었을 때 균형 잡힌 시각을 가지고 단점을 장점으로 바꾸어 나갈 수 있을 테니까요.

이 책은 우리 생활과 밀접하게 관련된 위대한 발명품을 중심으로, 하나의 발명품이 태어나기까지의 과정과 그것이 인류의 삶에 이바지한 점을 먼저 다루고 있습니다. 그러고 나서 그 발명품들이 가지고 있는 문제점을 살펴보고 우리의 노력으로 문제를 해결할 수 있는 방법을 찾고자 했습니다. 이따금 글쓴이가 제시한 해결책이 여러분의 생각에 미치지 못할 때도 있을 겁니다. 그럴 때면 여러분의 생각을 책의 빈 칸이나 공책 같은 곳에 적어 놓아 보세요. 그런 작은 노력들이 쌓이고 쌓이면, 언젠가 발명품이 온전히 인류의 삶에 기여하는 희망찬 내일이 열릴 테니까요.

자, 그럼 그런 날이 오기를 기약하면서 다같이 책장을 넘겨 볼까요?

1999년 7월
햇살과나무꾼

차례

1부 생활 용품

1. 깨끗한 옷, 더러운 물 - 합성 세제 • 13
2. 가벼운 책, 죽어 가는 나무 - 종이 • 22
3. 편리한 포장, 썩지 않는 쓰레기 - 비닐 • 30
4. 시원한 여름, 때아닌 여름 감기 - 에어컨 • 36
5. 맛 좋은 음식, 병드는 몸 - 화학 조미료 • 43
6. 깨끗한 변기, 물 낭비 변기 - 수세식 변기 • 49
7. 나만의 음악 감상, 보청기 신세 - 이어폰 • 55

2부 의약 · 화학

1. 세균 죽이려다 세균을 면역시킨다 - 항생 물질 • 63
2. 산업 현장에서는 안전한 화약, 전쟁터에서는 위험한 무기
   - 다이너마이트 • 69
3. 질긴 실, 숨막히는 실 - 합성 섬유 • 74
4. 값싸고 튼튼한 소재, 골치 아픈 쓰레기 - 플라스틱 • 80
5. 풍요로운 수확, 산성화되는 땅 - 화학 비료 • 87
6. 알록달록한 옷, 병드는 하천 - 합성 염료 • 94
7. 해충도 죽이고, 사람도 죽이고 - 살충제 • 101

3부 첨단 제품

1. 작아지는 전자 제품, 파괴되는 오존층 - 반도체 부품 • 109
2. 들고 다니는 전화, 뇌를 괴롭히는 전화 - 핸드폰 • 115
3. 슈퍼급 전자 계산기, 도둑맞는 정보 - 컴퓨터 • 121
4. 잘 들리는 소리, 잘 엿듣는 기계 - 마이크로폰 • 127
5. 여객기에는 신호등, 미사일에는 공격 무기 - 레이더 • 132
6. 신나는 세계 여행, 무서운 폭격 - 비행기 • 138
7. 꿈의 우주 개발, 쌓이는 우주 쓰레기 - 인공 위성 • 144

4부 기타

1. 강력한 에너지, 무서운 핵무기 - 핵 에너지 • 151
2. 빠른 이동, 매캐한 공기 - 자동차 • 158
3. 안전한 고무 바퀴, 처치 곤란한 고무 바퀴 - 타이어 • 164
4. 홍수와 가뭄 예방, 물에 잠기는 산과 들 - 댐 • 170
5. 상쾌한 음료, 이빨 썩는 음료 - 콜라 • 176
6. 수술에는 생명의 빛, 전쟁에는 죽음의 빛 - 레이저 광선 • 181

1부 생활 용품

1 깨끗한 옷, 더러운 물 – 합성 세제

비누가 없던 시절에는 어떻게 빨래를 했을까?

그 시절에는 옷을 돌멩이 위에 올려놓고 손으로 비비거나 빨랫방망이로 땅땅 두드린 다음 물에 넣고 흔들어 빨았다. 그러면 섬유에 끼여 있던 때가 빨랫감에서 떨어져 나와 흐르는 물에 씻겨 나갔다. 하지만 기름때, 찌든 때는 잘 빠지지 않았다. 그러면 별수없이 더러운 대로 입고 다녀야 했다. 아니면 기어코 때를 벗기려고 빨랫방망이로 마구 두드리고 발로 질근질근 밟고 손으로 박박 문질러 대기도 했다. 그러다 보면 팔다리, 어깨, 허리가 쑤시고 저릴 뿐 아니라 옷도 금방 너덜너덜해졌다.

"아휴, 아까운 옷 다 버리네. 옷감을 상하게 하지 않고 힘도 들이지 않고 때를 쏙 빼는 방법이 없을까?"

이 고민을 시원하게 해결해 준 것이 바로 '비누'였다.

기름때도 쏙 뺀다-비누의 등장

비누는 지금으로부터 약 2600년 전에 페니키아(기원전 3000년경 지중해 동쪽의 시리아 중부 지방에 건설된 도시국가로, 기원전 1세기에 로마에 합쳐진 나라. 오늘날 알파벳의 기원인 '페니키아 문자'를 그리스에 전하였다)인이 처음으로 만들었는데, 나무를 태워 만든 재와 산양의 기름을 물에 섞어서 만들었다. 나무를 태운 재는 탄산칼륨을 함유하고 있어서 이것을 물에 풀고 산양의 기름을 섞으면, 기름의 지방산이 알칼리 성분의 탄산염과 결합하여 비누가 만들어지는 것이다.

자, 그런데 이렇게 만들어진 비누로 빨래를 했더니 놀라운 일이 벌어졌다.

"아니, 기름때가 쏙 빠졌잖아!"

"아휴, 이것 봐요, 목 둘레에 꼬질꼬질하게 껴 있던 때도 싹 빠졌네요!"

한 마디로 '빨래의 혁명'이 일어난 것이다.

왜 그럴까? 어째서 비누로 빨래를 하면 기름때나 찌든 때가 쏙 빠지는 걸까? 비밀은 비누 분자의 성질에 있다. 비누 분자는 '소수기'와 '친수기'로 되어 있는데, 친수기는 물을 좋아하고 소수기는 물을 싫어하여 먼지나 기름 분자에 달라붙는다. 그래서 비누칠을 하여 빨래를 하면 비누의 소수기가 빨랫감에 붙은 때를 에워싸서 빨래에서 떨어져 나오게 한다. 이렇게 떨어져 나온 때들이 물에 씻겨 내려가게 되는 것이다. 그래서 비누로 빨래를 하면 기름때든 찌든 때든 도저히 옷에 달라붙어 있을 재간이 없다.

합성 세제의 발명

그런데 1890년 어느 날, 독일의 화학자 크라프트가 실험을 하다가 우연히 탄화수소 등의 화학 물질이 알코올과 결합해 비누처럼 거품을 만드는 현상을 발견했다. 그는 이 거품이 비누처럼 빨래를 하는 데 효과가 있을지도 모른다고 생각했다. 그래서 직접 빨래를 해 보았더니 때가 아주 잘 빠졌다.

이렇게 해서 그는 최초의 '합성 세제'를 만들어 냈다. 하지만 당시 사람들의 반응은 시큰둥했다.

"비누도 좋기만 한데 뭐 하러 그런 걸 만들어 써? 정말 할 일 없는 사람이군."

하지만 제1차 세계대전이 터지자 사정이 달라졌다. 당시 전쟁 중이던 독일군이 비누의 원료인 동식물의 기름을 무기의 윤활유로 사용함에 따라 비누를 만들 원료가 부족해진 것이다. 아무리 전쟁중이라도 벌거벗고 사는 게 아닌 이상 옷을 빨아 입어야 할 텐데 도대체 방법이 없었다. 그래서 사람들은 '뭐, 좋은 수가 없을까?' 하고 고민하다가 마침내 석탄을 이용하여 비누와 똑같은 효과를 낼 수 있는 '합성 세제'를 만들어 냈다. 요컨대 비누의 원료인 동물성 기름 대신 석탄을 가열할 때 생기는 끈끈한 액체 '콜타르'를 사용하여 새로운 세제를 만들어 낸 것이다. 이 때부터 '합성 세제의 시대'가 막을 올리게 되었다.

깨끗하게 빨려요, 아주 편리해요!
합성 세제를 써 보니까 장점이 한두 가지가 아니었다.
"어, 비누보다 빨래가 잘 되잖아?"
그야 두말 하면 잔소리였다.
비누는 강물이나 우물물 같은 센물에서는 거품을 만들지 못했다. 센물에는 칼슘이나 마그네슘 같은 광물질이 많이 녹아 있는

데, 비누 분자가 이런 광물질과 결합하여 물에 녹지 않는 끈끈한 물질로 바뀌기 때문이다. 이 끈끈한 물질은 수돗물로 빨래를 했을 때도 생기는데, 물에 씻겨 내려가지 않고 옷감에 그대로 달라붙어 있다가 옷을 말려 다렸을 때 보기 흉한 노란 얼룩으로 바뀌기도 한다. 때를 없애려고 사용한 세제가 옷에 또 다른 때를 남기는 결과를 낳는 것이다.

그러나 합성 세제를 쓰면 단물에서건 센물에서건 옷이 깨끗하게 빨린다. 합성 세제는 어떤 물에나 잘 녹기 때문이다. 물에 잘 녹는다는 장점은 또한 빨래를 훨씬 쉽게 하게 해 주었다. 비누는 옷에 박박 문지른 다음 빨랫감을 손으로 비벼 주어야 거품이 일지만, 합성 세제는 옷에다 살살 뿌린 뒤 발로 밟거나 세탁기에 넣고 돌리기만 해도 옷감의 때를 쏘옥 빼 주니까.

그러니 크라프트와 같은 시대에 산 사람들이 이 사실을 알았다면 몹시 후회하지 않았을까?

"어휴, 바보같이 이렇게 훌륭한 발명품을 구박했다니. 진작 알았으면 빨래를 더 쉽게, 더 깨끗이 할 수 있었을 텐데!"

세탁기만 있으면 누구나 손쉽고 멋지게 빨래할 수 있게 해 주는 합성 세제.

그러나 안타깝게도 이 위대한 발명품은 치명적인 약점을 안고 있다.

물을 더럽히는 주범, 합성 세제

합성 세제 속에는 기름때를 잘 분해하는 '알킬벤젠술폰산염'이라는 화학 물질이 들어 있다. 그런데 알킬벤젠술폰산염은 옷에 달라붙은 때는 잘 분해하지만 정작 자신은 미생물(박테리아, 균류 등 현미경이 없으면 볼 수 없는 아주 작은 생물로, 자연계에서 물질을 분해하는 역할을 한다)에 분해되지 않는다. 독성이 강해 미생물이 먹지 않으므로 강이나 바다까지 그대로 흘러가는 것이다.

그럼 강과 바다에서는 어떤 일이 일어날까?

가장 위험한 것은 물에 사는 물고기들이다. 멋모르고 입을 뻐끔대다가 물에 들어 있는 알킬벤젠술폰산염을 마구 먹게 되면, 병이 들거나 생김새가 이상하게 바뀌기 때문이다.

위험은 사람에게도 닥친다. 그런 물고기를 먹으면 사람 역시 알킬벤젠술폰산염을 먹게 되는 셈이기 때문이다. 더구나 이 오염된 물이 상수원으로 흘러들면 우리는 우리가 버린 합성 세제를 다시 먹는 처지가 되고 마니까. 실제로 한국건설기술연구원의 1992년 조사에 따르면, 당시 우리 나라의 수돗물에는 $1l$ 당 0.1~0.5mg의 합성 세제가 포함되어 있었다. 수돗물도 안심하고 마실 수 없는 시대가 된 것이다.

쥐도 안 먹는다

이 밖에 합성 세제에는 살리실산이라는 물질도 들어 있다. 살리실산은 빨래나 설거지를 할 때 옷감이나 그릇에 달라붙어 있는 세균을 죽이는 작용을 한다. 그런데 이 물질이 하는 역할이 또 있다. 우리 어머니들의 손에 피부염, 이른바 '주부 습진'을 일으키는 것이다.

살리실산은 세균을 죽일 정도로 독성이 강한 만큼 사람의 피부에도 염증을 일으킨다. 맨손으로 합성 세제를 계속 사용하면, 처음에는 피부가 발개지며 몹시 가렵다가 나중에는 피부가 갈라지고 지문이 없어지기까지 한다. 이것이 바로 주부 습진의 증상으로, 일본에서 발표된 한 연구 결과에 따르면 합성 세제를 많이 사용하는 주부일수록 주부 습진에 걸릴 확률

이 높다. 샴푸를 많이 쓰면 머리카락이 가늘어지고 탈색되거나 심지어 빠지기까지 하는 이유도 합성 세제의 이런 독성 때문이다.

얼마나 독성이 강하면 비누를 그토록 잘 갉아먹는 쥐가 합성 세제는 건드리지도 않을까?

자연에서 온 우리

그럼 이렇게 나쁜 합성 세제를 몽땅 없애 버려야 하는 걸까? 하지만 합성 세제를 안 쓰면 무엇으로 빨래를 하고 그릇을 닦고 머리를 감지?

"비누가 있잖아요, 비누가!"

현재까지 사람들이 찾아 낸 답은 합성 세제와 똑같은 효과를 내는 '비누'를 써서 물의 오염을 방지하자는 것이다. 오늘날에는 비누 제조 기술이 발달하여 합성 세제처럼 물에 잘 녹으면서 찌꺼기를 만들지 않는 비누가 다양하게 나와 있으니 그나마 다행이다.

그러나 비누 역시 완전히 안심할 수는 없다. 합성 세제보다 덜하기는 하지만 비누에도 잘 분해되지 않는 물질이 많이 들어 있으니까.

이 때문에 세제를 만드는 회사에서는 소비자의 요구와 감시 속에서 독성이 없고 분해가 잘 이루어지는 세제를 개발하기 위해 노력하고 있다. 하천 길이가 짧고 하수 처리율이 낮은 우리나라에서는 더 빨리 물에 분해되는 물질로 세제를 만들어 부작용을 줄여야 할 것이다.

인간의 편리를 위해 발명된 합성 세제지만, 그것이 물을 오염시킨다면 그 피해는 결국 우리에게 돌아온다. 우리 역시 자연의 일부니까.

그럼 이쯤에서 발명을 좋아하는 친구들에게 한 마디 안 할 수 없다.

지금부터 머리를 싸매고 합성 세제처럼 편리하면서도 물을 전혀 오염시키지 않는 세제를 직접 만들어 보면 어떨까? 사람들도 아주 좋아하겠지만 물고기들도 무진장 기뻐하지 않을까? "뻐끔 뻐끔! 정말 고마워요!"라고.

2 가벼운 책, 죽어 가는 나무 - 종이

감동을 주는 동화책이나 소설책, 그림을 그리는 도화지, 다정한 친구에게 편지를 쓰는 편지지, 공부할 때 쓰는 교과서나 공책은 모두 종이로 만든다. 종이가 없는 세상은 상상할 수 없을 정도로 종이는 우리 생활과 깊은 관계를 맺고 있다.

이 중요한 종이는 서기 105년에 처음 발명되었다. 그렇다면 종이가 발명되기 전에는 아무 기록도 하지 않았을까?

돌, 뼈, 동물 가죽에 쓰고 그리다

오랜 옛날, 그러니까 원시 시대에는 주로 돌에 그림을 그리거나 문자를 새겨 넣었다. 인류 역사상 가장 오래 된 벽화인 스페인의 알타미라 동굴 벽화에는 들소의 그림이 새겨져 있고, 그 밖의 여러 동굴 벽화에도 그 시대 사람들의 생활 모습을 나타내는 그림이 새겨져 있다. 또 사냥으로 잡은 동물의 뼈에 그림을 새기기도 했는데, 이렇게 단단한 물체에 기록을 남기려면 시간도 많이 걸리고 힘도 꽤 들었다.

고대 바빌로니아(티그리스 강과 유프라테스 강 상류에 형성된 고대 제국. 세계에서 가장 오래 된 문화의 발상지)와 앗시리아(바빌로니아와 함께 메소포타미아 문명을 발전시킨 고대 제국. 기원전 612년 신바빌로니아 제국에 의해 멸망함)에서는 흙판으로 책을 만들었는데, 흙판이 너무 크고 무거워서 책 한 권을 빌리려면 커다란 짐수레까지 동원해야 했다. 인도 사람들은 자작나무 껍질에 글을 썼고, 중국 사람들은 대나무의 안쪽 면에 글을 썼으며, 고대 이집트에서는 '파피루스'라는 식물의 껍질을 벗겨 거기에 글을 썼다.

그러나 사회가 복잡해지고 학문이 발달하자, 사람들은 차츰 기록을 남길 재료에 대해 고민하기 시작했다. 기록할 이야기는 나날이 느는데, 흙판이나 자작나무 껍질이나 대쪽 따위에는 그 많은 이야기를 다 적을 수 없었기 때문이다.

"으음…… 쓰기 편하고, 쉽게 옮기고 보관할 수 있는 재료가 없을까?"

그 고민이 무르익었을 때, 새로운 발명의 역사가 시작되었다.

최초의 종이

마침내 서기 105년, 중국 후한 시대의 채륜이 종이를 발명했다. 채륜은 궁중에서 수공품을 다루는 일을 하고 있었다. 당시 궁중에서는 손쉽게 기록을 남길 재료를 찾기 위해 오랜 세월 동안 연구를 거듭하고 있었다. 채륜은 이러한 연구를 바탕으로 마침내 종이를 발명했다. 나무의 축축한 속껍질, 비단이나 마직물의 조각, 헌 어망 등을 물에 넣고 짓이겨 죽처럼 만든 다음, 그것을 대나무로 만든 채로 얇게 떠내어 종이를 만든 것이다.

"어, 이것 봐라! 먹물을 쏙쏙 잘 빨아들이네."

미끄러운 비단과는 달리 채륜이 만든 종이는 먹물과 물감을

잘 빨아들였다. 더구나 얇고 가벼워서 보관하거나 운반하기도 무척 편했다.

물론 최초의 종이는 색이 쉽게 바래고 벌레가 슬기도 했다. 하지만 '쉽고 편리하게 기록을 남길 수 있다'는 장점에 비하면, 이런 단점은 아주 사소했다. 덕분에 종이는 중국과 이웃 나라로 퍼져 나가기 시작했고, 그로부터 1000년 뒤에는 서양에까지 전해지게 되었다.

책을 만들다

종이의 발명과 함께 '기록 문화'도 점점 발전했다. 덕분에 처음에는 종이에다 글을 써서 둘둘 말아 보관하던 사람들도 8~9세기에 접어들자 새로운 형태로 기록을 남기기 시작했다.

"그래, 종이를 끈으로 엮으면 되겠다!"

당시 당나라 시인들은 자신의 시나 글을 쓴 종이를 여러 장 합쳐서 '책'으로 만들어 냈다. 이렇게 만들어 놓고 보니 책이란 게 여간 편리하지 않았다. 책은 언제든 쉽게 펴 볼 수 있고 오랫동안 깨끗하게 보관할 수 있었으니까.

이 때부터 본격적으로 책이 만들어졌고, 인쇄술(판에 글자를 새겨 종이에 찍어 내는 일)과 제지술(종이를 만드는 기술)도 더욱 발달하게 되었다.

1800년대 유럽에서는 산업 혁명이 일어나고 근대적인 시민 사

종이 만드는 과정

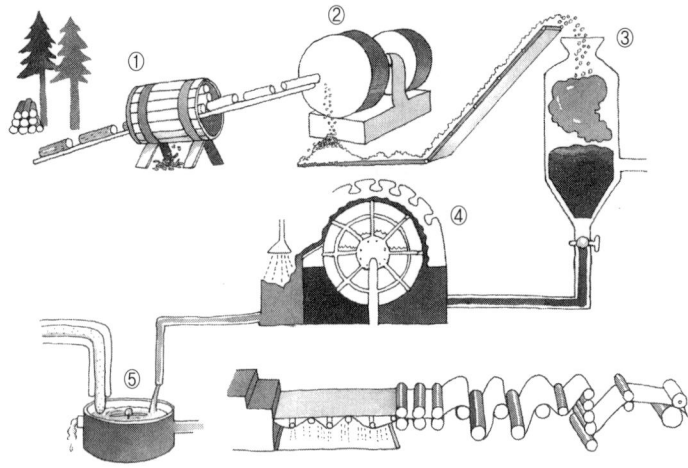

▶ ① 통나무의 껍질을 벗긴다. ② 껍질이 벗겨진 통나무를 잘게 토막내어 칩으로 만든다. ③ 나무칩에 물, 화학 약품을 섞어 170도에서 쩌 죽 상태로 만든다. ④ 불순물과 화학 약품을 제거한 후 물로 세척한다(이렇게 해서 만들어진 것을 '펄프'라고 함). ⑤ 펄프를 물에 걸쭉하게 섞은 다음, 움직이는 망 위로 뿌려 주면 물이 빠지고 종이가 만들어진다.

회가 형성되었다. 그와 더불어 신문과 서적, 잡지의 발행 부수가 급격히 늘어났고 이에 따라 종이의 수요도 크게 늘었다. 그 때까지 종이의 원료로 이용되던 삼이나 목화 등으로는 도저히 원료를 댈 수가 없었다.

"종이를 대량으로 생산할 수 있는 원료가 없을까?"

수많은 인쇄업자가 이 문제를 고민했고, 마침내 1800년대 중반에 인류는 그 실마리를 찾았다. 어디서나 쉽게 구할 수 있는 식물, 삼이나 목화보다 훨씬 크고 우람한 식물, 바로 나무를 이용하는 것이었다. 나무를 잘게 토막내어 섬유를 대량으로 생산하고, 이 섬유를 이용해 종이를 대량으로 만드는 기술을 개발한 것이다.

종이를 위해 죽어 가는 나무들

나무를 원료로 종이가 대량으로 생산되자 출판 문화는 더욱 발전하고 지식이 빠르게 전파되었다. 그러나 이러한 발전의 이면에서는 무서운 파괴가 일어나고 있었다. 수천, 수백 년 동안 이루어진 숲이 하나 둘씩 자취를 감추기 시작한 것이다.

어린 나무가 아름드리 나무로 성장하기까지는 수십 년이 걸린다. 그런데 이렇게 오랜 시간을 두고 성장하는 나무가 한순간에 싹둑싹둑 베어지니 숲이 남아날 재간이 없었다.

알다시피 나무는 이산화탄소를 들이마시고 산소를 내보내 공기를 맑게 해 준다. 또 비가 많이 올 때는 뿌리로 물을 저장하여 홍수를 방지해 주기도 한다. 그런데 이런 나무가 자꾸 사라지고 울창하던 숲이 점점 줄어들면 어떤 일이 벌어질까? 산소가 부족해 숨쉬기가 곤란해지고, 큰비가 올 때마다 논밭이 물에 잠기고 집이 떠내려가 버리는 무서운 결과가 빚어지지 않을까?

우리를 지켜 주는 숲, 우리가 지키자
물론 숲에서 베어진 나무가 종이를 만드는 데만 쓰이는 것은 아니다. 집을 짓는 데도 쓰이고 가구를 만드는 데도 쓰인다. 그러나 나무를 원료로 하는 물건 가운데 종이처럼 함부로 낭비되는 것은 없다. 값이 싸고 대량으로 생산된다는 이유로, 우리는 절반밖에 안 쓴 공책을 함부로 버리고 걸레로도 지울 수 있는 얼룩을 화장지로 지우는 경우가 허다하니까.

그러면 소중한 숲을 지키기 위해 우리가 가장 쉽게 할 수 있는 일이 무엇일까? 그야 물론 종이를 아껴 쓰는 일일 것이다. 종이를 함부로 쓰지 않고, 다 쓴 종이는 반드시 따로 모아 재활용 쓰레기로 내놓는 습관을 들이자. 다행히 쓰고 버린 종이는 다시 가공하여 깨끗한 새 종이로 만들 수 있으니까.

  나무가 살고 새가 사는 소중한 숲. 우리의 이 작은 정성이 모이면 숲이 우리를 지켜 주고 우리가 숲을 지켜 주는 아름다운 세상이 펼쳐질 것이다.

3 편리한 포장, 썩지 않는 쓰레기 - 비닐

예전에는 시장에서 물건을 그냥 내놓고 팔았다. 그러다 보니 식품은 벌레가 꼬이고 쉽게 상했다. 옷은 좀이 슬거나 색이 바래 팔아 보지도 못하고 버리는 경우가 많았다.

물건을 사는 소비자들도 불편하기는 마찬가지였다. 생선이나 고기처럼 물기가 흐르는 물건은 종이로 싸서 가져가도 종이에서 물기가 배어 나와 옷을 버리곤 했다. 무나 배추 같은 농산물은 무거워서 종이 봉지에 담을 수도 없었다. 봉지가 찢어져 길바닥에 물건을 쏟지 않으려면 장을 보러 갈 때 장바구니나 보자기를 꼭 가져가야 했다.

"어디 마땅한 포장지가 없을까?"

산업이 발달하면서 공산품이 쏟아져 나오자 포장지에 대한 고민이 더욱 커졌다.

"찢어지지 않고 물에 젖지 않는 포장지가 있으면 물건을 좀더 안전하게 보관하고 운반할 수 있을 텐데……."

이런 고민을 단숨에 해결해 준 것이 있다. 바로 '비닐'이었다.

석유가 덤으로 준 선물, 비닐

비닐은 1950년대 전후에 발달한 석유화학 산업과 함께 탄생했다. 당시 과학자들은 석유를 증유하는 과정에서 여러 종류의 화학 물질들이 엄청나게 쏟아져 나오는 것에 주목했다.

"이 풍부한 화학 물질을 이용하여 뭔가 새로운 걸 만들 수는 없을까?"

산업이 발달할수록 물건을 만들 재료는 더욱 필요해지는데, 전통적으로 사용하던 자연 재료로는 그 양을 감당할 수 없었기 때문이다.

오랜 실험과 연구 끝에 과학자들은 석유의 증유 과정에서 나오는 에틸렌이나 프로필렌을 화학적으로 합성하여 무엇이든 만들 수 있는 놀라운 재료를 얻었다. 이렇게 해서 태어난 물질이 폴리에틸렌과 폴리프로필렌으로, 이 물질들은 그릇·빨래판·파이프 등 여러 가지 물건을 만드는 데 쓰였다. 또 이 물질은 종이보다 얇고 부드럽게 가공하여 새로운 포장재를 생산하는 데도 쓰였다. 이 포장재가 바로 우리가 흔히 '비닐'이라고 일컫는 것으로, 비닐이란 폴리에틸렌이나 폴리프로필렌과 같은 합성 수지를 종이보다 얇고 부드럽게 가공해 놓은 것을 뜻한다.

비닐의 활약
비닐이 인류의 역사에 등장하자 상품을 생산하는 사람들이 가장 기뻐했다. 비닐은 종이보다 얇고 부드러우면서도 튼튼하기 때문에 물건을 포장하기에도 좋고 운반하거나 판매하는 과정에서 찢어질 염려도 없었으니까. 또한 비닐은 물과 공기를 통과시키지 않아 상품이 판매되기도 전에 상하는 위험도 크게 줄였다. 그러

다 보니 비닐은 상품의 포장재로 각광받았고, 상점에서 판매되는 대부분의 상품이 비닐로 포장되기 시작했다.

오늘날 비닐은 가정에서도 무척 유용하게 쓰인다. 그 대표적인 예가 음식이나 야채를 냉장고에 넣어 보관할 때 사용하는 '비닐 랩'과 '비닐 팩'이다. 비닐은 통기성이 없어 음식물을 담을 경우 수분 증발을 막아 주는데, 이런 장점을 이용하여 가정에서 음식물과 야채를 더욱 신선하게 보관할 수 있게 된 것이다.

비닐이 안 썩는다고요?

그러나 상품을 포장하는 포장재는 벗겨 내고 나면 크게 쓸모가 없다. 비닐 역시 마찬가지다. 벗겨지고 나면 바로 쓰레기통으로 들어간다. 비닐의 문제점은 바로 여기서부터 시작된다. 비닐 쓰레기는 판매되는 상품의 수만큼이나 많은데 이 쓰레기를 마땅히 처리할 길이 없는 것이다.

비닐은 땅에 묻으면 400년 동안이나 썩지 않는다. 땅 속에서 형태를 유지하고 있으면서 식물이 성장하는 것을 방해하고, 빛과 공기가 땅 속으로 스며드는 것을 막아 미생물을 비롯한 각종 토양 생물이 제대로 활동하지 못하게 한다.

비닐 쓰레기는 태워도 골치다. 소각로에 달라붙어 걸핏하면 기계의 고장을 일으키는 것도 문제지만, 더욱 큰 문제는 '다이옥신'과 같은 해로운 물질을 내뿜는다는 점이다.

다이옥신은 특히 염화비닐을 재료로 하는 비닐 쓰레기에서 많이 발생하는 가스인데, 세균전의 무기로 쓰일 만큼 독성이 강하다. 베트남 전쟁 당시 미국은 북베트남군을 소탕하려고 이들이 자주 나타나는 지역에 다이옥신을 살포했는데, 그 결과 그 지역의 수많은 사람들이 목숨을 잃거나 불구자가 되었고 여자들은 기형아를 낳았다.

이처럼 공포스런 다이옥신이 우리가 버리는 비닐 쓰레기를 소각하는 과정에서 날마다 배출되고 있다면, 우리 역시 이런 고통을 겪지 않으리라고 누가 장담할 수 있을까?

작은 실천부터

그렇다면 도대체 어떻게 해야 할까?

"썩는 비닐을 개발하면 되죠."

당연한 말이다. 하지만 썩는 비닐을 개발하려면 시간이 많이 필요하다. 그러니 우선은 비닐을 되도록 적게 사용하려고 노력하는 자세가 중요하지 않을까?

사실 우리는 비닐을 불필요하게 많이 사용하고 있다. 시장이나 상점에서 물건을 살 때만 해도 그렇다. 장바구니를 들고 가서 담아 오면 될 텐데 일일이 비닐 봉지에 담아 온다. 그렇게 해서 비닐 봉지가 쌓이면 아무 생각 없이 쓰레기통에 버린다. 모아 둔 비닐 봉지를 가게에 돌려주어 다시 쓰게 한다면, 비닐 쓰레기가 그만큼 줄어들 것이다. 집에서 음식을 보관할 때도 마찬가지다. 비닐 랩이나 비닐 팩을 사용하지 않고 그릇에 담아 뚜껑을 덮으면, 그만큼 비닐을 덜 쓰게 되는 셈이다.

이렇게 되면 비닐 쓰레기도 줄고 자원도 절약되니, 한 마디로 일석이조가 아닐까? 가게에서 비닐 봉지에 물건을 담아 줄 때 "그냥 들고 갈게요."라고 말해 보자. 또 어머니께서 음식을 랩을 씌워 보관하려 할 때 "엄마, 뚜껑을 덮으면 되잖아요."라는 한 마디. 이 한 마디가 비닐 쓰레기를 줄이고 우리의 소중한 환경을 지키는 첫걸음이 될 것이다.

4 시원한 여름, 때아닌 여름 감기 – 에어컨

가만히 있어도 등줄기에서 땀이 줄줄 흐르는 무더운 여름날, 페르시아의 한 왕은 이중벽 속에 얼음 덩어리를 넣어 놓고 노예에게 부채질을 하게 하여 더위를 이겼다고 한다. 화가이자 발명가였던 레오나르도 다 빈치는 한 백작 부인의 부탁으로 부채질을 하는 기계를 만들기도 했다.

하지만 이것은 서민들에게는 꿈 같은 얘기였다. 서민들은 날이 몹시 더우면 강에서 미역을 감거나, 부채를 부치고, 찬물을 몸에 끼얹어서 더위를 식혔다. 때로는 고마운 산들바람이 땀을 식혀 주기도 했고, 시원한 소낙비가 더위를 살풋 거둬 가기도 했다.

겨울 바람처럼 시원한 바람을 일으키는 것이 없을까?

산업이 발달하여 선풍기가 등장하자, 사람들은 더위를 좀더 쉽게 이길 수 있게 되었다. 그러나 선풍기는 바람을 일으킬 수는 있어도 기온까지 낮추지는 못한다. 덥고 습기가 많은 날에는 후텁지근한 바람이 나오고, 전동기가 열을 받기라도 하면 안 트느니만 못한 애물단지가 되어 버린다.

"여름에도 겨울 바람처럼 시원한 바람을 쐴 수는 없을까?"

더위에 지친 사람들은 머리를 쥐어짰다. 뜻이 있는 곳에 길이 있다고, 진짜로 겨울 바람처럼 시원한 바람을 일으키는 것이 태어났다. 바로 '에어컨'이었다.

옳거니, 에어컨!

에어컨은 1914년 미국의 윌리스 캐리어가 처음 발명했다. 캐리어는 액체가 기체로 바뀔 때 주위의 열을 빼앗아 가는 성질에 주목했다.

"만약 액체를 기체로 바꾸는 장치를 고안한다면, 그 장치를 이용해 실내 온도를 떨어뜨릴 수 있지 않을까?"

캐리어의 생각은 적중했다. 캐리어는 낮은 온도에서도 쉽게 기체로 바뀌는 암모니아를 액체로 만들어 통에 담은 뒤 다시 기체로 바꾸었다. 그랬더니 정말로 주위의 공기가 차가워지는 것이 아닌가? 실내 온도는 금방 낮아졌다. 대성공이었다.

더욱이 이 새 냉방 장치는 또 하나의 탁월한 기능을 갖고 있었다. 차가운 암모니아 통에 수증기가 달라붙어 물로 바뀌게 함으로써 실내의 습도까지 낮춘 것이다. 기온이 같을 경우에는 습도가 낮을 때가 높을 때보다 훨씬 시원하게 느껴진다. 에어컨은 기온을 낮추면서 습도까지 낮춰 주기 때문에, 시원함을 더해 주는 것이다.

여름 더위도 걱정 없어요

에어컨을 맨 처음 설치한 곳은 미국의 메트로폴리탄 극장이었다.

"선풍기보다 시원한 에어컨 완비! 영화도 보고 더위도 식히세요!"

이런 광고가 나가자, 더위에 지친 사람들이 너나없이 메트로

폴리탄 극장으로 몰려들었다. 덕분에 극장 측은 손님이 평소의 두 배로 늘어 톡톡히 재미를 보았고, 이웃 극장에서도 차츰 에어컨을 설치하기 시작했다.

뒤이어 사람이 많이 모이는 은행이나 관공서에서도 앞을 다투어 에어컨을 설치했고, 많은 사람들이 이 놀라운 발명품의 위력을 실감하게 되었다. 선풍기와는 비교도 안 될 만큼 시원한 냉방 기계. 시간이 흘러 사람들의 생활 수준이 높아지자, 사람들은 에어컨을 가정에도 설치하기 시작했다. 가만히 있어도 땀이 줄줄 흐르는 여름날, 사람들이 선풍기 대신 에어컨을 틀기 시작한 것이다. 문을 꼭꼭 걸어 닫고 에어컨을 틀면, 세상에 집 안만큼 시원한 곳도 없으니까.

한여름에 웬 감기?

그런데 에어컨을 사용하는 사무실이나 가정이 늘어나면서 이상한 현상이 나타났다. 무더운 여름날, 감기에 걸렸다고 병원을 찾는 사람이 부쩍 늘어난 것이다.

"코가 맹맹하고 목이 따가워요."

"머리가 아프고 기침이 나요."

감기 증상 같지만 막상 진찰해 보면 감기가 아니다. 바로 에어컨 때문에 생기는 '냉방병'이다. 더운 곳에 있다가 갑자기 서늘한 곳으로 가거나 서늘한 곳에 있다가 갑자기 더운 곳으로 오면,

우리 몸은 온도 차이에 쉽게 적응하지 못한다. 냉방병은 이 때문에 나타나는 것으로, 감기에 걸렸을 때와 비슷한 증상이 나타난다. 목이 따끔거리고 코가 맹맹하며 기침이 나고 머리가 지끈지끈 아프다. 더위를 피하려다가 때아닌 여름에 감기 증상을 앓게 되는 것이다.

에어컨 사용으로 인한 전력 낭비도 큰 문제다. 에어컨 한 대가 돌아가는 데 드는 전력량은 선풍기 30대를 돌리는 데 드는 전력량과 맞먹으니까. 무더운 여름날 걸핏하면 전기가 깜빡깜빡 나가는 데는 에어컨 사용량의 급격한 증가가 큰 몫을 한다. 뿐만

아니라 에어컨은 그렇지 않아도 뜨거운 여름 거리를 더욱 뜨겁게 달구는 얌체다. 에어컨은 실내의 온도와 습도를 지속적으로 낮추려면 기화한 냉매(열 교환기에서 열을 빼앗기 위해 사용하는 매체)를 계속 다시 식혀야 하는데, 이 때 발생한 열이 프로펠러를 통해 실외로 빠져 나가 거리의 온도를 높이는 것이다.

더위를 멋지게 피하는 법

요즘에는 '에어컨 사용을 줄이자'는 운동도 펼쳐지고 있다. 날씨가 아무리 더워도 실내 온도와 바깥 온도가 5도 이상 차이 나면 몸에 해로우니 에어컨을 적당히 사용하자는 뜻이다.

사실 우리 몸에는 에어컨보다 훨씬 좋은 체온 조절기가 있다. 바로 더울 때 주르륵 흐르는 '땀'이다. 에어컨의 냉매가 기화하며 주위 온도를 낮추듯이, 땀이 증발하면서 주위 온도를 낮추어 몸을 시원하게 식혀 주는 것이다. 더구나 이 체온 조절기는 우리의 몸에 쌓여 있는 각종 노폐물을 밖으로 내보내 피부가 건강한 상태를 유지하게 해 준다. 그러니 더울 때는 땀을 적당히 흘려 주는 것이 더위를 식히는 데도 좋고 몸에도 좋다.

하지만 땀만으로는 도저히 여름 더위를 견디지 못하는 사람들도 있을 수 있다. 그런 사람들은 이런 방법을 써 보는 것이 어떨까?

얼음물에 발을 담그고 있거나 얼음 모자를 머리에 쓴다. 그래도 굳이 에어컨이 필요하다면, 에어컨을 잠깐 켰다가 실내 온도가 낮아지면 선풍기를 돌린다. 아니면…… 이열치열이라고, 바깥에 나가 한바탕 땀을 흘리고 몸에 찬물을 좍 끼얹는다.

5 맛 좋은 음식, 병드는 몸 – 화학 조미료

김치찌개를 맛있게 끓이려면?

우선 펄펄 끓는 물에 김치를 송송 썰어 넣고, 돼지고기나 참치·오뎅 등을 넣어 맛을 더한다. 찌개가 보글보글 끓으면 파·마늘 등의 양념을 넣어 한 소끔 끓인다. 그러면 드디어 맛있는 김치찌개가 만들어진다.

그런데 맛난 재료를 많이 넣었는데도 맛이 별로라면?

그럴 때 어머니들은 흔히 다시다, 맛나 같은 '화학 조미료'를 넣어 맛을 낸다.

왜 그럴까? 화학 조미료에서 어떤 맛이 나길래, 화학 조미료로 맛을 내는 걸까?

조미료의 혁신, 화학 조미료

화학 조미료란 천연 재료에서 특정한 성분만 추출하거나 화학 물질을 합성하여 만든 조미료를 말하는데, 1908년 일본의 이케다라는 학자가 처음 만들었다.

어느 날 이케다는 '다시마는 어째서 달고 구수한 맛을 내는 걸까?' 하는 궁금증이 생겨 다시마의 성분을 조사해 보았다. 그리고 다시마에서 달고 구수한 맛이 나는 것은 '글루타민산나트륨' 덕분이라는 사실을 밝혀 냈다.

"글루타민산나트륨? 글루타민산나트륨이라면 밀에 아주 많이 들어 있는 물질인데……. 만약 밀에서 글루타민산나트륨을 추

출해 낼 수 있다면?"

거듭된 실험 결과, 이케다는 최초의 화학 조미료인 다시마 맛 조미료를 만들어 냈다. 다시마를 쓰지 않고 다시마의 감칠맛을 내는 조미료를 밀가루를 원료로 하여 탄생시킨 것이다.

그러자 조개 맛, 버섯 맛, 쇠고기 맛을 내는 화학 조미료도 잇따라 세상에 나왔다.

값도 싸고 맛도 좋아요

"아니, 이 가루만 조금 뿌리면 쇠고기 맛이 난단 말예요?"

"그렇다니까요. 어디 쇠고기 맛뿐이에요? 해물 맛, 버섯 맛, 다시마 맛도 낼 수 있어요."

화학 조미료가 처음 등장했을 때, 사람들은 너무나 신기해했다. 국에 비싼 쇠고기 대신 쇠고기 맛을 내는 화학 조미료를 쓰면 정말로 쇠고기 맛이 우러난 것이다. 버섯이나 조개도 마찬가지였다. 버섯 맛 조미료, 조개 맛 조미료만 넣으면, 찌개나 국에서 버섯이나 조개와 비슷한 맛이 났다.

더구나 화학 조미료는 요리에 물기만 조금 있으면 어디에든 넣을 수 있다. 물에 잘 녹는데다 감칠맛을 내는 성분을 농축하여 만들었기 때문에 국·찌개·조림·무침 등 어떤 요리에든 조금만 넣어도 달고 구수한 맛이 확 살아나는 것이다.

덕분에 모든 음식이 눈 깜짝할 사이에 먹음직스러운 음식으로 둔갑할 수 있게 되었다.

머리가 나빠진다고요? 암에 걸린다고요?
그러나 이 놀라운 '감칠맛'은 여러 가지 문제를 안고 있다.
　모든 요리는 고유의 맛과 향이 있다. 그러나 감칠맛이 진하게 농축된 화학 조미료에 입맛이 길들여지면, 음식이 가진 고유한 맛과 향을 느끼지 못한다. 감칠맛이 나지 않는 음식, 그것도 아주 진하게 나지 않는 음식에 대해서는 도무지 맛을 느끼지 못하

게 되고 계속 인공의 맛만 찾게 된다.

더욱 큰 문제는 이 인공의 맛이 몸에 해롭다는 데 있다. 화학 조미료는 감칠맛을 높이기 위해 글루타민산나트륨을 상당량 농축시켜 만드는데, 1983년 일본의 국립암연구소와 국립암센터에서는 글루타민산나트륨을 많이 섭취하면 뇌세포가 파괴되고 암에 걸릴 위험이 있다는 사실을 실험을 통해 밝혀 냈다. 화학 조미료가 든 음식을 자꾸 먹다 보면 목숨을 잃을 위험까지 있는 것이다.

뭐니뭐니 해도 천연 조미료
글루타민산나트륨이 몸에 해롭다는 사실이 밝혀지자, 오늘날 조미료 회사에서는 글루타민산나트륨이 들어 있지 않은 화학 조미료를 개발하려고 노력하고 있다. 화학 조미료의 포장지에 "MSG를 뺐습니다!"라는 문구가 등장하는 것도 이런 배경에서 나온 것이다. MSG란 글루타민산나트륨의 약자니까.

그러나 화학 조미료는 자연의 재료가 낼 수 있는 맛 이상의 맛을 내야 하는 상품이다. 글루타민산나트륨이 아니더라도 비슷한 맛을 내게 해 주는 다른 화학 물질이 비정상적으로 많이 농축되어 있을 수밖에 없다. 이러한 화학 물질도 언젠가 우리 몸에 치명적인 해를 끼친다고 밝혀질지 모른다.

그러니 아무리 훌륭한 화학 조미료가 생산된다고 해도, 그것이 대대로 이어져 내려온 '천연 조미료'를 따라갈 수 있을까? 천연 조미료는 오랜 세월 동안 이용되면서 우리 몸에 아무 해도 끼치지 않는다는 사실이 증명되기도 했거니와, 그것을 이용하면 요리에 많은 정성이 들어가는 만큼 맛도 좋으니까. '음식맛은 손맛'이라는 말도 있지 않은가!

6 깨끗한 변기, 물 낭비 변기 – 수세식 변기

지금은 상상도 할 수 없는 일이지만, 유럽에는 도시의 각 가정에 화장실이 없던 시대가 있었다. 그럼 그 때는 똥, 오줌을 어떻게 처리했을까? 그야 마을 한 귀퉁이에 있는 공동 변소나 집 밖 으슥한 곳에서 누었다. 급하면 거리에서도 해결했다. 거짓말 같지만 사실이다. 그래서 그 시대에는 어디를 가나 분뇨 냄새가 코를 찔렀고, 상상도 할 수 없는 별난 풍경이 많았다.

화장실이 없던 시절에는 어떻게?

1500년대 이후 유럽에서는 도시가 발달하고 인구가 늘어나자 분뇨 처리 문제가 사회 문제로 등장했다. 그러나 당시 유럽의 도시는 다른 지역과 마찬가지로 배수 시설이 발달되어 있지 않았다. 하는 수 없이 각 가정에서는 '요강'에 볼일을 봐야 했다. 그리고 아침에 이 요강을 집 밖에 내놓으면 관청에서 나온 '똥지기'가 분뇨를 수거해 갔다.

그러나 분뇨 처리비를 낼 돈이 없거나 아침이 되기 한참 전에 요강이 모두 차면, 사람들은 길거리에 슬쩍 요강을 비웠다. 이 탓에 밤에 도시의 거리를 걷다가 건물 2층에서 쏟아지는 오물 세례를 받은 사람이 한둘이 아니었다.

도시의 분뇨 처리 문제는 1700년대에도 해결되지 않았다. 그 시대에 지어진 최고급 건물인 프랑스의 베르사유 궁전에도 제대로 된 화장실이 없었다. 이 탓에 왕궁에서는 정원은 물론 계단이나 복도 같은 곳에도 똥, 오줌을 실례한 흔적이 수두룩했다.

산업이 발달하여 도시의 인구는 계속 느는데 화장실 시설이 이처럼 엉망이었으니, 위생 문제가 얼마나 심각했을까? 당시에는 온 세계가 더럽고 지저분했으며 악취가 진동했다. 그 탓에 걸핏하면 콜레라, 페스트 같은 전염병이 발생해 수많은 사람들의 목숨을 앗아 갔다. 현대적인 수세식 변기가 등장한 것은 이 즈음의 일이다.

수세식 변기의 등장

수세식 변기는 사실 1596년 영국의 존 헤링턴이 최초로 개발했다. 이 변기는 의자 모양이었는데, 볼일을 보고 나서 손잡이를 잡아당기면 물이 왈칵 쏟아져 나와 오물이 분뇨통으로 흘러가게 되어 있었다. 그러나 말이 수세식 변기지, 이 변기는 요강과 다름없었다. 배설물이 관을 통해 바깥으로 빠져 나가는 것이 아니라 분뇨통에 그대로 담겨 있었으니까. 그래서 배설물이 차면 일일이 퍼내야 했고, 변기의 뚜껑을 덮어도 똥 냄새가 확확 올라왔다.

1775년, 영국의 수학자이자 시계업자였던 커밍은 다른 것은 몰라도 '냄새 문제'만큼은 확실하게 해결했다. 커밍이 생각해 낸 방법은 간단했다. 변기 밑의 파이프를 뒤쪽으로 구부러지게 하여, 물이 배설물을 분뇨통으로 밀어 낸 뒤 구부러진 파이프에 고여 있게 한 것이다. 파이프에 고인 이 물은 분뇨통에서 냄새가

1부 생활 용품 51

올라오는 것을 막아 주었고, 이로써 냄새가 나지 않는 수세식 변기가 그 모습을 갖추게 되었다.

위생적인 환경, 심각한 물 낭비
20세기 초에 이르자 도시에 배수 시설이 갖추어졌고, 사람들은 집 안에 수세식 변기를 설치하기 시작했다. 수세식 변기가 일반 가정에 널리 보급되자, 온 도시를 휘감던 악취가 사라지고 분뇨에 꼬이던 해충이 줄어들어 전염병이 발생하는 건수도 눈에 띄게 감소했다. 비로소 도시 환경이 위생적으로 바뀐 것이다.

그러나 수세식 화장실이 많아질수록 물의 사용량도 점점 늘어났다. 냄새 나는 요강이나 변소가 사라진 대신, 분뇨를 밀어 내고 악취를 막는 데 깨끗한 물을 너무 많이 쓰게 된 것이다.

물은 우리 주위에서 늘 볼 수 있기 때문에 마르지 않는 자원이라고 여기기 쉽다. 그러나 세계 인구가 60억을 넘어선 오늘날, 물은 더 이상 마르지 않는 자원이 아니다. 물이 고갈되어 가는 징후가 세계 곳곳에서 드러나 인류의 미래를 위협하고 있다. 우리 나라만 해도 인구가 가장 많이 밀집해 있는 수도권의 경우, 한강 유역의 도시 팽창과 산업화로 인해 2000년대에 심각한 물 부족 사태가 발생할 거라고 한다. 그런 마당에 수세식 변기는 한 번도 사용하지 않은 깨끗한 물을 단지 분뇨를 밀어 내는 일에만 한 번에 18~25l 씩 쓰게 되는 것이다.

물을 아끼기 위한 아이디어

수세식 변기의 물 낭비 문제가 심각하게 떠오르자, 농촌의 몇몇 뜻있는 사람들이 냄새가 나지 않고 분뇨를 재활용하게 해 주는 위생적인 재래식 화장실을 개발하여 보급 운동을 펼치고 있다. 농촌에서라도 분뇨 처리에 드는 물의 낭비를 줄이고, 쌓인 분뇨를 거름으로 다시 이용하자는 뜻이다.

형태는 다르지만 알뜰한 도시 주부들 사이에서도 이런 운동은 펼쳐지고 있다. 수세식 변기의 물탱크에 벽돌을 넣어 두어 변기

손잡이를 내릴 때 흘러 나오는 물의 양을 줄이거나, 소변의 경우 몇 사람의 배설분을 모아 두었다가 한꺼번에 물을 내리고, 세수나 빨래를 한 물을 변기에 부어 물의 낭비를 막는 것이다.

   이렇게 물을 아끼고 소중히 여기는 정신이 우리 모두의 마음속에 자리잡게 된다면, 가까운 미래에 물을 이용하지 않고도 분뇨를 깨끗이 처리하는 새로운 변기가 개발될지도 모른다. 공기의 힘으로 분뇨를 깨끗이 밀어 내고 물 한 컵으로 냄새를 막는 변기, 분뇨가 나오자마자 밀가루처럼 분해하여 농촌에 거름을 제공해 주는 변기……. 말도 안 되는 이야기 같지만, 발명의 역사는 이런 문제 의식 속에서 이어지는 것이 아닐까?

7 나만의 음악 감상, 보청기 신세 – 이어폰

도서관에서 책을 읽다가 갑자기 음악을 듣고 싶으면 어떻게 하는 것이 좋을까? 소형 카세트를 켜고 귀에 이어폰을 꽂으면 된다. 시끄러운 버스 안에서 혼자 음악을 듣고 싶을 때는? 소형 카세트와 이어폰만 있으면 끝! 답답한 전철 안에서도 이어폰만 귀에 꽂으면 '지겨움이여, 안녕!'이다.

아, 이어폰과 함께하는 생활은 너무너무 행복해!

그런데 이 손톱만한 기계가 어떻게 그토록 큰 소리를 빵빵 울리는 걸까?

언제 어디서나 음악을 들을 수 있어요

카세트 테이프에는 음악이 전기 신호로 녹음되어 있다. 이 전기 신호를 우리가 들을 수 있는 소리로 바꿔 주는 장치를 '수화기'라 하는데, 이어폰은 이 수화기를 귓구멍에 꽂을 수 있는 형태로 제작한 것을 말한다. 바로 이 형태 덕분에 이어폰은 스피커에 비해 주위가 시끄러워도 아주 작은 소리도 잘 전달하고, 다른 사람에게 피해를 주지 않는다.

이어폰이 등장하기 전까지, 사람들은 다른 사람에게 피해를 끼치지 않고 혼자 음악을 듣고 싶을 때 '헤드폰'을 사용했다. 초기의 헤드폰은 머리에 걸쳐 착용하게 되어 있었는데, 다니면서 음악을 듣기에는 불편했다. 헤드폰이 머리에서 흘러내리는 경우가 많았기 때문이다.

반도체 산업의 발달로 전자 제품의 크기가 점점 작아지고 들고 다닐 수 있는 휴대용 카세트가 널리 보급되자, 사람들은 헤드폰의 문제점을 고민하기 시작했다.

"갖고 다닐 수 있을 만큼 작으면서도 잘 흘러내리지 않는 스피커가 없을까?"

이 때 휴대용 카세트의 '짝'으로 떠오른 것이 이어폰이었다. 이어폰은 귓구멍에 끼우도록 되어 있어 헤드폰처럼 벗겨질 염려가 없었다. 또한 크기가 작아 가방이나 호주머니에 넣고 다니기도 무척 편리했다.

어, 귀가 잘 안 들리네?

귓속에 쏙 집어 넣을 수 있는 작고 귀여운 수화기, 이어폰. 이어폰이 등장하자 사람들은 길을 걸으면서도, 시끄러운 전철 안이나 버스 안에서도, 심지어 조용한 도서관에서도 얼마든지 음악을 들을 수 있게 되었다. 그러다 보니 하루 종일 이어폰을 귀에 꽂고 혼자만의 음악 감상을 즐기는 사람들이 많아졌다.

그런데 이런 사람들 중에서 귀가 이상하다면서 병원을 찾는 사람이 늘어났다.

"처음에는 귀에서 우웅— 소리가 계속 나더니, 이제는 소리가 가물가물 잘 안 들려요."

이런 증상은 왜 나타나는 것일까?

이어폰으로 음악을 너무 오래 들었기 때문에 나타나는 증상이다.

자동차 경적 소리나 전기톱 돌아가는 소리를 들으면 귀가 아프다. 소리는 공기의 진동이 고막으로 전달되어 내이의 청신경을 흥분시킴으로써 우리에게 전달되는데, 지나치게 큰 소리를 들으면 내이의 청신경이 손상을 입는다.

청신경은 큰 소리에만 손상되는 것이 아니다. 작은 소리도 가까이에서 지속적으로 들으면 심한 자극을 받아 손상을 입게 된다. 이어폰을 오래 귀에 꽂고 다니는 청소년들 가운데 청각 장애를 입게 되는 일이 많은 이유는 바로 여기에 있다.

지혜로운 이어폰 사용법

이어폰은 언제 어디서건 혼자만의 음악 감상을 즐길 수 있게 해 주는 고마운 발명품이지만, 귀에 손상을 입혀 젊은 날부터 보청기 신세를 지게 하는 얄미운 발명품이기도 하다.

그렇다고 좋아하는 음악을 듣지 않을 수도 없는 일. 이어폰을 사용하면서도 귀가 나빠지지 않게 할 방법은 없을까?

될 수 있으면 이어폰을 사용하지 않는 것이 좋지만, 꼭 사용해야 할 경우에는 볼륨을 최대한 줄여서 듣는 것이 좋다. 또 두 시간 이상 사용하면 내이에 무리가 가니까 이어폰을 어느 정도 사용한 뒤에는 반드시 귀를 쉬게 해 주자.

2부 의약·화학

1  세균 죽이려다 세균을 면역시킨다 – 항생 물질

제1차 세계대전이 치열하게 벌어지던 전쟁터.

야전 병원에서는 폭탄 파편에 팔이 잘려 나간 부상병, 다리가 잘려 나간 부상병들이 고통에 겨워 신음하고 있었다.

"아아, 온몸이 썩고 있어……. 차라리 이대로 죽어 버렸으면……!"

상처 부위에 세균이 침투해 몸이 썩어 들어가면서 고약한 냄새가 코를 찔렀다. 그러나 당시에는 상처를 곪게 하는 세균을 없애는 약이 없었다. 부상병들은 치료 한 번 제대로 받지 못하고 죽어 갈 수밖에 없었다.

상처 부위에 침투하여 생살을 썩게 하는 무서운 세균, 그것은 바로 포도상구균이었다.

페니실린의 발견

"아니, 포도상구균이 모두 죽었잖아!"

1928년, 영국 성 메리 병원의 알렉산더 플레밍은 깜짝 놀랐다. 당시 플레밍은 상처를 통해 사람의 몸 속으로 들어와 염증을 일으키는 포도상구균을 연구하고 있었다. 그런데 잠시 자리를 비웠다가 돌아와 보니, 세균 배양 접시에 푸른 곰팡이가 피어 있고 푸른 곰팡이가 핀 곳에는 포도상구균이 모두 죽어 있었다.

'혹시 이 곰팡이가 포도상구균을 죽인 것이 아닐까?' 이렇게 생각한 플레밍은 그 곰팡이를 포도상구균을 배양하는 다른 접시에도 옮겨 놓아 보았다. 이번에도 포도상구균이 모두 죽었다!

'페니실리움 노타툼'이라고 불리는 이 푸른 곰팡이가 포도상구균을 죽이는 항생 물질을 분비한 것이다.

플레밍은 푸른 곰팡이로부터 그 항생 물질을 추출하여 인체에 각종 염증을 일으키는 다른 세균들에도 작용시켜 보았다. 당시까지만 해도 치료하기 어렵거나 치료할 수 없는 병으로 일컬어지던 단독증·임질·폐렴 등을 일으키는 연쇄상구균·임균·폐구균 등이 이 항생 물질 앞에서 눈 녹듯 녹아 없어졌다.

플레밍은 푸른 곰팡이가 분비하는 이 놀라운 항생 물질에 '페니실린'이라는 이름을 붙였다. 페니실린은 그 뒤 1944년에 영국의 플로리 교수와 체인 교수에 의해 약으로 만들어져 일반인들에게 보급되었다.

항생 물질의 발달

세균은 현미경을 통해서만 볼 수 있는 아주 작은 생물로, 자연에서 죽은 동식물을 분해하기도 하지만 사람의 몸에 들어와서 온갖 질병을 일으키기도 한다. 그러나 1900년대 초반까지만 해도 세균이 일으키는 질병을 치료할 수 있는 이렇다 할 치료제가 없었다. 당시 세균이 일으키는 가장 무서운 병은 폐렴과 결핵으로, 이러한 질병은 오늘날의 에이즈처럼 절대로 고칠 수 없는 불치의 병이었다.

그러나 항생 물질의 발견은 세균과 벌여 온 전쟁의 역사를 새로 쓰게 했다. 페니실린의 발견으로 폐렴을 치료할 길이 트였고, 뒤이어 1943년에 스트렙토마이신이라는 항생 물질이 발견되어 결핵마저 정복하게 된 것이다.

학자들은 이러한 승리에 힘입어 항생 물질의 연구에 박차를 가하게 되었다. 그 결과 오늘날에는 무려 400종 이상의 항생 물질이 각종 세균성 질환의 치료제로 쓰이며 인간을 질병의 고통으로부터 구해 주고 있다.

내성균의 등장

항생 물질이 여러 가지 질병의 치료에 효과가 있다는 사실이 알려지자, 사람들은 항생제를 모든 병에 효과가 있는 '만병통치약'으로 믿게 되었다. 조금만 열이 나고 아프다 싶으면 무조건 항생제를 찾았고, 병원이나 약국에서는 모든 약에 습관적으로 항생제를 끼워 넣었다.

바로 그 점이 문제였다. 항생제를 너무 많이 복용하다 보니 항생제가 전혀 듣지 않는 강력한 세균들이 등장하게 된 것이다.

세균은 항생 물질의 공격을 처음 받았을 때는 쉽게 죽는다. 그러나 자꾸 공격을 받다 보면, 항생 물질의 구조를 파악하여 약효를 떨어뜨리는 효소를 만들어 내거나 항생 물질이 자신을 알아보지 못하도록 몸의 구조를 바꾼다. 항생 물질의 공격을 받고도 끄떡없는 '내성균'으로 진화하는 것이다.

내성균으로 진화한 세균은 항생 물질의 공격을 아무리 받아도 죽지 않는다. 이 때문에 전에는 페니실린 주사 몇 번이면 깨끗이 나을 수 있었던 폐렴이 새롭게 불치병의 목록에 오르기도 한다. 실제로 1998년 서울의 한 병원에서는 페니실린 주사를 3주 동안이나 맞고도 목숨을 잃은 폐렴 환자가 발생했다. 평소 항생제를 너무 많이 복용한 탓에 대부분의 폐렴균이 내성균으로 바뀌어 죽음을 맞게 된 것이다.

보약도 잘못 쓰면 독약이 된다
항생 물질은 생명을 지켜 주는 고마운 치료제지만, 의사의 진단

이나 처방 없이 함부로 복용하면 언제 우리에게 독이 되어 돌아올지 모른다. 우리가 어려움에 부딪히면 그 어려움을 이기려고 노력하듯, 눈에 보이지 않는 세균도 항생 물질의 공격을 계속 받으면 살아남기 위해 새로운 내성균으로 진화하기 때문이다. 그러면 인류는 이러한 내성균을 없앨 또 다른 항생 물질을 찾아야 하고, 그런 항생 물질을 발견하면 그 항생 물질에 저항하는 또 다른 내성균이 탄생할 것이다.

지금이라도 이 반복의 고리를 끊지 않는다면, 인류는 세균과의 길고도 지루한 싸움을 끊임없이 반복해야 한다. 그렇다면 어떻게 이 반복의 고리를 끊을 수 있을까?

진화란 사람의 힘으로는 어찌할 수 없는 자연의 법칙이므로 인류가 질병 치료에 항생 물질을 이용하는 한 내성균의 등장을 완전히 막을 길은 없다. 그러나 작은 주의로 내성균의 발생 속도를 늦출 수는 있다. 항생제를 함부로 또는 필요 이상 많이 복용하는 습관을 버리면 된다. 그러면 세균이 항생 물질의 공격법을 파악하는 데 시간이 오래 걸려, 내성균으로 진화하기까지의 시간도 오래 걸릴 테니까.

2 산업 현장에서는 안전한 화약, 전쟁터에서는 위험한 무기 – 다이너마이트

단단한 바위 산에 굴을 뚫어 광물을 캐낼 때, 길을 내는 도로를 막고 있는 커다란 바윗덩어리를 제거할 때, 낡은 건물을 허물고 새로 지을 때 우리는 폭약을 쓴다. 사람의 힘으로 한다면 수십 명이 매달려도 몇 날 며칠이 걸릴 일을 폭약은 한순간에 해치운다.

다이너마이트는 산업 현장에서 쓰이는 이러한 폭약의 대표이다. 그런데 다이너마이트는 어떻게 해서 개발된 것일까?

걸핏하면 터지는 액체 폭약

19세기 중반까지 산업용 폭약으로 가장 널리 쓰인 것은 '니트로글리세린'이었다. 니트로글리세린은 질산과 황산에 글리세롤을 첨가하여 만든 무색의 액체 폭약으로, 폭발력이 강해 광산을 개발하거나 도로나 항만을 건설하는 데 주로 쓰였다.

그러나 니트로글리세린은 큰 결점을 안고 있었다. 충격에 약해서 걸핏하면 터져 버린 것이다. 공사 현장으로 운반하는 도중, 또는 공사 현장에서 설치하는 도중에 조금만 흔들려도 쾅! 쾅! 터져 버렸다.

"니트로글리세린, 열차 운반 도중 폭발. 승무원 전원 사망."

"도로 공사 도중 니트로글리세린 폭발. 인부 전원 사망."

상공업이 비약적으로 발전하면서 철도와 도로 건설이 한창 진행되던 당시에 신문에는 하루가 멀다 하고 이런 기사가 실렸다.

안전하면서도 강력한 폭약이 없을까?

'다이너마이트'의 등장으로 이 문제는 단숨에 풀렸다.

다이너마이트의 탄생

다이너마이트는 1867년 스웨덴의 화약 제조업자 노벨이 처음 발명했다.

노벨은 폭약 공장을 운영하며 여느 화약 제조업자들처럼 안전한 폭약을 개발하기 위해 노력했다. 결국 노벨은 '규조토'라는 흙에서 그 실마리를 찾았다. 규조토는 액체를 잘 흡수하는 성질을 지니고 있는데, 액체 상태의 니트로글리세린을 규조토에 잘 반죽한 뒤 단단히 굳히자, 흔들리거나 부딪쳐도 폭발하지 않는 안전한 폭약이 탄생한 것이다.

노벨은 이 폭약에 뇌관(폭약에 불을 붙이는 역할을 하는 관)을 장치해 새로운 폭약을 만들었다. 이것이 다이너마이트이다.

안전한 폭약, 다이너마이트
니트로글리세린을 규조토에 단단히 고정시켜 쉽게 충격받지 않게 만든 고체 폭약 다이너마이트는, 뇌관에 불을 붙이지 않는 한 실수로 떨어뜨리거나, 심지어 일부러 집어 던져도 폭발하지 않았다.
"집어 던져도 터지지 않는 안전한 폭약 개발!"
이 소식이 퍼지자, 다이너마이트는 날개 돋친 듯 팔려 나갔다.

다이너마이트가 널리 이용되자, 이제 폭약을 운반하거나 설치하다가 많은 사람들이 목숨을 잃는 일이 사라졌다. 다이너마이트를 폭발시킬 곳에 갖다 놓고, 안전하게 멀리 떨어져서 뇌관으로 이어진 긴 실이 타 들어가는 것을 지켜보기만 하면 되었다. 이제 아무 때나 터지지 않는 훌륭한 일꾼을 얻은 셈이었다.

덕분에 도로와 철도 공사가 더욱 빠르게 진행되었고, 산업도 하루가 다르게 발전하게 되었다.

사람도 대량으로 죽이는 다이너마이트

안전하면서도 폭발력이 뛰어난 폭약 다이너마이트는 전쟁을 준

비하는 군대에도 더없이 중요한 물자였다. 그러던 중 1914년 제1차 세계대전이 터졌다.

 전쟁이 일어나자 다이너마이트는 길을 내고 굴을 뚫는 일꾼이 아니라 적의 기지를 폭파하고 탱크를 터뜨리는 무서운 무기로 돌변했다. 애써 건설해 놓은 광산이나 철도, 도로를 한순간에 잿더미로 만들었고, 군 기지뿐 아니라 마을까지 파괴하여 무고한 사람들의 목숨을 무자비하게 앗아 갔다.

 전쟁은 더욱 강력한 무기, 한꺼번에 더 큰 피해를 일으킬 수 있는 무기를 원했고, 그럴수록 다이너마이트는 사람을 죽이는 살상용 무기로 악명을 떨치게 되었다.

 사람에게 도움을 주기 위해 만들어진 발명품이 오히려 사람을 죽이는 무서운 무기로 둔갑하는 순간이었다.

다이너마이트를 일꾼으로!

세계대전은 수많은 생명을 앗아 간 채 끝났다. 그러나 세계대전의 불길이 걷힌 지금도 다이너마이트는 세계 곳곳에서 '살상용 무기'로 쓰이고 있다. 크고 작은 테러 사건에서 건물을 파괴하고 애꿎은 사람의 목숨을 앗아 가는 주인공이 된 것이다.

 훌륭한 산업 일꾼 다이너마이트. 이 다이너마이트가 인류의 평화와 행복에만 기여할 수 있으려면, 무엇보다 인류의 역사에서 전쟁이 사라져야 할 것이다.

3 질긴 실, 숨막히는 실 – 합성 섬유

 옛날 우리 조상들은 대개 '면사'(목화솜에서 뽑은 실)로 짠 목면으로 옷을 지어 입었다. 그런데 목면은 튼튼하지 않아 옷이 곧잘 닳고 해어졌다.
 "아니, 옷을 또 찢어 먹었어? 너는 무릎에 뿔이 달렸니? 어떻게 아까운 옷을 하루가 멀다 하고 찢어 먹는 거야?"
 밖에서 뛰어놀기 좋아하는 아이들은 걸핏하면 엄마에게 야단을 맞았고, 여기저기 천을 덧대어 기운 누더기 옷을 입고 다녔다.
 옛날에도 질긴 천이 있기는 했다. 바로 비단이다. 그러나 비단은 값비싼 견사(누에고치에서 뽑은 실)로 짠 천이라서 귀족이 아니면 구경조차 할 수 없었다.
 "견사처럼 질긴 실을 값싸게 얻을 수 있는 방법이 없을까?"

합성 섬유의 선두주자 나일론은 바로 이런 고민 속에서 탄생했다.

나일론의 탄생

나일론은 1937년 미국의 화학자 월리스 캐로더스가 처음 만들었다.

캐로더스는 값싼 재료로 견사처럼 매끄럽고 튼튼한 실을 만들어 내기 위해 여러 가지 화학 실험에 몰두했다. 그러던 어느 날 그는 석탄과 석유, 공기나 물에서 탄소·질소·산소·수소를 추출하여 이 물질들을 화학적으로 합성한 뒤 열을 가해 유리 막대로 휘휘 젓다가 깜짝 놀랐다. 유리 막대를 들어올리자 합성된 액체가 실처럼 가늘게 막대에 딸려 올라온 것이다. 이 물질은 굳어서 견사처럼 튼튼하고 매끄러워졌다.

"그래, 이거야! 이런 물질이라면 얼마든지 실로 쓸 수 있겠어!"

캐로더스는 이 뜨거운 액체를 구멍이 뚫린 그릇에 담아 실처럼 가늘게 뽑아 낸 뒤, 이 새로운 실에 '나일론'이라는 이름을 붙였다. 견사보다 질기고 튼튼한 합성 섬유 나일론은 이렇게 해서 태어나게 되었다.

잡아당기고 물어뜯어도 찢어지지 않아요

나일론으로 만든 초기 제품 가운데 가장 큰 인기를 끈 것은 양말이었다. 나일론 양말을 신어 본 사람들은 너무나 신기해했다.

"세상에, 어쩌면 이렇게 질긴 양말이 있을까요? 아무리 신어도 구멍이 나지 않아요."

나일론 양말은 잡아당기고 물어뜯어도 찢어지지 않을 만큼 질기고 튼튼했다. 며칠만 신으면 구멍이 뿅뿅 나는 면 양말과는 비교도 안 되었다. 덕분에 나일론 양말은 날개 돋친 듯이 팔렸다.

나일론이 이렇게 인기를 끌자 나일론과 비슷한 성질을 가진 합성 섬유가 계속 개발되었다. 1939년 일본에서는 폴리비닐알

코올(PVA) 섬유를 개발했고, 제2차 세계대전 중 영국에서는 폴리에스테르 섬유를 개발했으며, 전쟁이 끝난 직후 미국에서는 아크릴로니트릴 섬유가 상품화되었다.

그 뒤 전쟁의 폐허 속에서 천연 섬유의 생산량이 눈에 띄게 줄어들자, 합성 섬유로 만든 의복이 더욱 큰 인기를 끌었다. 합성 섬유는 천연 섬유 못지않게 품질이 우수하고, 몇 가지 화학 물질만 있으면 얼마든지 대량 생산할 수 있어 값이 무척 쌌기 때문이다.

땀도 싫다, 공기도 싫다-나는야, 합성 섬유!

합성 섬유는 질기고 튼튼하다는 장점말고도 벌레가 슬지 않고 가벼우며 구김이 잘 생기지 않는다는 장점도 지니고 있다. 그러나 합성 섬유로 만든 의복도 계속 착용하다 보니 이상한 일이 일어났다. 합성 섬유로 지은 옷을 오래 입으니 몸이 걸핏하면 가려웠고, 합성 섬유로 짠 양말을 신으니 발에 무좀이 생긴 것이다. 그런데 합성 섬유 제품은 왜 이런 문제를 일으킨 것일까?

옷이란 튼튼하기도 해야 하지만, 공기가 잘 통하고 피부에서 분비되는 땀과 노폐물을 잘 흡수해야 한다. 그러나 합성 섬유는 통기성(공기가 통하는 성질)과 흡수성(수분을 흡수하는 성질)이 없다. 그래서 합성 섬유로 짠 옷을 입거나 양말을 신으면, 땀과 각종 노폐물이 피부에 그대로 쌓여 세균을 불러들인다. 이 세균들이 피부에서 번식하기 때문에 몸이 가려워지고 무좀과 같은 피부 질환을 앓게 되는 것이다.

혼방 직물의 등장
합성 섬유의 단점이 발견되자마자 사람들은 이 단점을 보완할 방법을 찾아 냈다. 그 방법은 의외로 간단했다. 합성 섬유와 천연 섬유를 섞어 옷감을 짜는 것이다! 이렇게 해서 만들어진 옷감이 바로 혼방 직물로, 이것은 두 섬유의 장점을 모두 갖추고 있

으면서도 단점은 보완하는 놀라운 성질을 지녔다. 질기고 튼튼하면서도 통기성과 흡수성이 뛰어나 피부에 아무 문제도 일으키지 않는 것이다. 혼방 직물의 탄생은 단점을 단점으로 묻어 두지 않고 그것을 개선하기 위해 노력한 결과 맺어진 훌륭한 결실이었다.

4 값싸고 튼튼한 소재, 골치 아픈 쓰레기 – 플라스틱

우리는 아침에 일어나면 플라스틱 칫솔로 이를 닦고, 플라스틱 대야에 세수를 하고, 플라스틱 빗으로 머리를 빗는다. 학교에서는 플라스틱 필통에서 플라스틱 샤프 펜슬을 꺼내 플라스틱 책받침에 종이를 받치고 글씨를 쓴다. 또 점심 시간에는 플라스틱 도시락으로 밥을 먹고, 플라스틱 컵으로 물을 마신다.

그러고 보면 우리가 쓰는 물건 가운데 플라스틱으로 되어 있지 않은 것이 별로 없다. 우리 생활의 대부분이 플라스틱 제품을 통해 이루어지고 있다. 그런데 이 놀라운 플라스틱은 역사에 등장한 지 150년도 안 된 새로운 발명품이다.

최초의 플라스틱, 셀룰로이드

플라스틱은 1872년 인류의 역사에 처음 등장했다.

그 때 미국에서는 '당구'가 큰 인기를 끌고 있었다. 그러나 당구공 회사는 골치를 앓았다. 당시에는 당구공을 코끼리의 앞니인 상아로 만들었는데, 상아는 구하기도 어렵고 값도 엄청나게 비쌌기 때문이다.

고민 끝에 한 당구공 회사는 신문에 이런 광고를 냈다.

"당구공을 만들 새로운 재료를 찾는 사람에게 상금 1만 달러를 주겠음."

1만 달러라니! 당시로서는 보통 사람들은 상상도 못 할 큰 돈이었다. 이 광고를 보고 모두가 침을 꼴깍꼴깍 삼켰다. 그러나 상금을 타기란 하늘의 별 따기였다. 자연에는 상아만큼 단단하면서도 잘 깨어지지 않는 재료가 없었으니까.

그러나 불가능이란 없는 법.

상금은 결국 '하이엇'이라는 인쇄공에게 돌아갔다. 하이엇은 과학자가 되고자 하는 꿈을 실현하고자 밤잠을 설치며 화학 실험에 전념하여, 마침내 장뇌(녹나무를 증류하여 얻는 화학 물질)와 식물성 기름으로 질산 섬유소를 녹여 튼튼하면서도 깨지지 않는 당구공을 만들어 냈다.

이것이 최초의 플라스틱 제품인 '셀룰로이드' 당구공이다.

플라스틱 시대의 개막

본격적인 플라스틱 시대는 1909년 미국의 화학자 레오 베이클랜드가 포름알데히드와 페놀이라는 화학 물질을 합성하여 '베이클라이트'라는 합성 수지를 개발하면서 시작되었다. 그 뒤 석유 화학 산업이 발전하여 석유를 증류하는 과정에서 플라스틱의 원료가 되는 화학 물질이 막대하게 쏟아져 나오자 플라스틱 산업은 눈부신 발전을 거듭했다.

플라스틱은 열이나 압력을 가하면 어떤 모양의 물건이든 만들 수 있는데다, 이렇게 해서 만들어진 물건은 가볍고 튼튼해서 사용하기에도 편리했다. 더구나 플라스틱은 값싼 화학 물질로 이

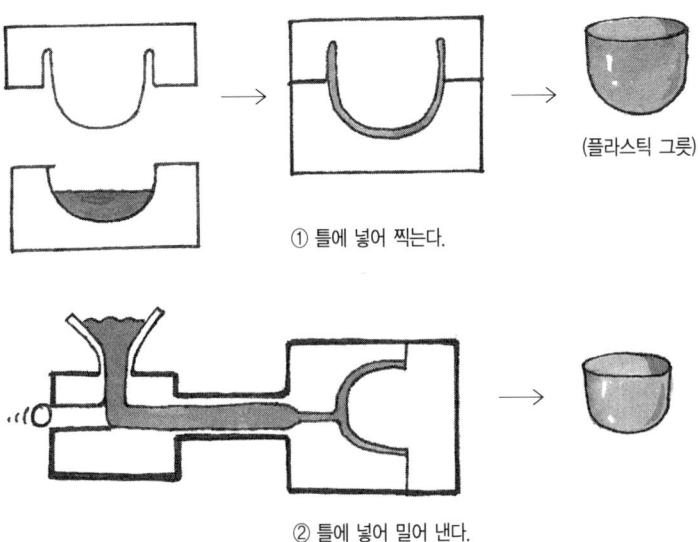

플라스틱 제품 만드는 방법

① 틀에 넣어 찍는다.

(플라스틱 그릇)

② 틀에 넣어 밀어 낸다.

루어져 있어 값이 싸고 착색력이 뛰어나 다양한 색깔을 입힐 수도 있으며, 열과 전기가 통하지 않아 안전성도 뛰어났다. 이러한 장점 덕분에 플라스틱은 그릇뿐 아니라 빨래판·슬리퍼·숟가락·주전자·물통 등 각종 생활 용품을 만드는 재료로 사용되기 시작했다. 인류가 대대로 생활 용품을 만드는 재료로 사용하던 흙이나 유리·금속 등을 몰아 내고 눈 깜짝할 사이에 그 자리를 차지하게 된 것이다.

한 번 쓰고 버린다고요?

플라스틱 제품은 값싸고 튼튼하다는 장점 때문에 많이 사용되지만 그만큼 버려지는 양도 많다. 더욱이 오늘날에는 일회용 컵·일회용 수저·일회용 도시락 등 플라스틱으로 만든 각종 일회용품이 등장하여, 너도 나도 편리하게 쓰고 편리하게 버리고 있다. 곳곳에 플라스틱 쓰레기가 넘쳐나게 된 것이다.

그런데 이 플라스틱 쓰레기는 처리하기가 이만저만 곤란하지 않다. 플라스틱 쓰레기는 땅에 묻어도 썩지 않고, 태우면 다이옥신이나 염화수소 같은 무서운 가스를 푹푹 뿜어 내며, 물에 가라앉으면 중금속의 침전을 막아 수질 오염을 가속화시키기

때문이다.

  오늘날 우리가 버리는 쓰레기 중에서 플라스틱 쓰레기가 차지하는 비중은 부피의 30%, 무게의 10%에 해당한다. 쉽게 쓰고 쉽게 버리는 생활 습관이 어마어마한 양의 쓰레기로 바뀌어 우리 국토를 병들게 하는 것이다.

바이오 플라스틱을 아세요?

묻을 수도 없고 태울 수도 없는 골칫덩어리, 플라스틱 쓰레기. 플라스틱이 일으키는 이 골치 아픈 쓰레기 문제를 해결하려면 플라스틱 재생 산업이 발달해야 한다. 요컨대 사람들이 쓰고 버린 플라스틱을 수거하여 새로운 플라스틱 제품으로 만들어 내는 기술이 하루빨리 개발되어야 한다는 얘기다.

  그러나 더 바람직한 해결책은 자연에서 쉽게 분해되는 플라스틱을 개발하는 것. 혹시 '바이오 플라스틱'이란 말을 들어 보았는지?

  미국과 영국, 일본과 같은 나라에서는 플라스틱 쓰레기 문제를 해결하기 위해 이 플라스틱을 개발하기 위해 노력하고 있다. '바이오 플라스틱'은 화학 물질을 합성하여 만드는 것이 아니라 미생물에서 추출한 폴리에스테르를 원료로 한다. 그래서 땅 속이나 물 속에서 다른 미생물에 의해 얼마든지 분해된다. 플라스틱의 위대함도 살리고, 골치 아픈 쓰레기 문제도 해결하는 일석이조의 발명품이랄까?

　발명의 역사는 이렇듯 하나의 발명품이 안고 있는 문제를 개선하려고 노력하는 데서 한 걸음씩 진보하는 것이다.

5 풍요로운 수확, 산성화되는 땅 – 화학 비료

산과 들에서 제멋대로 자라는 잡초들은 돌보지 않아도 해마다 잘 자란다. 이러한 식물들은 자신이 태어난 땅에서 양분을 흡수하여 자라고 죽기 때문에 땅 속에 늘 양분이 일정하게 유지되는 까닭이다.

그러나 농작물은 다르다. 토양에 있는 양분을 흡수하여 자라면 다른 곳으로 운반되어 팔리므로 양분이 땅으로 돌아가지 못한다. 이 때문에 농경지에 감소된 양분을 알맞게 보급하지 않으면 해가 갈수록 작물의 생산량이 줄어든다. 논과 밭에 비료를 뿌리는 것은 이 때문이다.

똥, 마른 풀, 재를 비료로 쓰던 시절

옛날 사람들은 무엇을 비료를 썼을까?

옛날 사람들은 자연에서 비료를 얻었다. 식물을 태우고 남은 재나 짚과 낙엽을 썩여 만든 퇴비 같은 것을 논밭에 뿌려 땅을 기름지게 한 것이다. 고대 로마인들은 기원전 200년에 이미 논밭에 퇴비를 뿌렸고, 유럽인이 아메리카 대륙에 첫발을 디뎠을 때 인디언들은 옥수수 밭에 생선을 묻어 밭을 기름지게 했다고 한다.

우리 조상들은 가축의 배설물에 짚을 섞어 마당 한 켠에 쌓아 두었다가 논밭에 골고루 뿌렸다. 이것을 '두엄'이라고 하는데, 두엄은 한 해의 농사를 결정짓는 소중한 재산이었다. 그러나 두엄은 어떻게 만들고 관리하느냐에 따라 그 효과가 천차만별이었다. 비를 맞히거나 일정 기간 이상 쌓아 두면 양분이 물에 씻겨 내려가거나 공중으로 날아가 효과가 떨어졌고, 또 어떤 가축의 배설물로 만드느냐에 따라서도 효과가 크게 달랐다.

화학 비료의 등장

19세기를 전후로 의술이 발달하고 위생 상태가 개선되어 세계의 인구는 폭발적으로 늘었다. 그러나 농지의 규모는 갈수록 줄어들어, 농작물의 수확량이 인구의 증가율을 따라잡지 못하는 상황에 이르렀다. 이에 따라 몇몇 화학자들은 한정된 토지에서 수

확을 많이 거둘 수 있는 방법을 고민하기 시작했다. 화학 비료는 이런 배경에서 역사에 등장하게 되었다.

화학 비료를 만드는 기초는 1840년 독일의 화학자 리비히가 제공했다.

리비히는 '왜 어떤 땅에서는 식물이 잘 자라고 어떤 땅에서는 잘 자라지 않을까?' 하는 의문을 품고 그 해답을 밝히기 위해 흙에 대해 연구하기 시작했다. 그 결과 그는 식물이 잘 자라려면 흙에 질소와 인산, 칼륨이 충분히 녹아 있어야 한다는 사실을 밝혀 냈다. 그리고 뼛가루에 황산을 작용시켜 '수용성 인산'(물에

녹는 인산)을 만든 뒤 농작물을 심은 흙에 뿌려 보았다. 결과는 대성공이었다. 인산을 뿌린 흙에서 농작물이 훨씬 크고 튼튼하게 자란 것이다.

리비히의 이 연구를 바탕으로 그 뒤 여러 화학자들이 화학 비료를 개발하기 위해 노력했고, 마침내 1843년 로이스(Lawes)와 길버트(Gilbert)가 최초의 화학 비료인 '과인산석회'를 제조했고, 1900년대 초에 '질소 비료'와 '칼륨 비료'가 개발되어 농가에 보급되었다.

화학 비료의 보급에 따라 농작물의 수확량은 급격히 늘었다. 화학 비료는 거름이나 퇴비 같은 천연 비료에 비해 물에 잘 녹아 뿌리기만 하면 단번에 식물의 뿌리로 흡수되었다. 농도가 진해 조금만 뿌려도 효과가 크게 나타났고, 종류가 다양해 농작물의 성장 상태에 따라 필요한 양분을 알맞게 공급해 줄 수 있었다. 덕분에 농촌에서는 냄새 나는 두엄 더미가 차츰 자취를 감추게 되었다.

논밭을 산성화시키는 화학 비료

그런데 화학 비료도 오래 사용하다 보니 문제점이 드러났다. 화학 비료를 계속 뿌린 논밭에서 오히려 농작물이 잘 자라지 못하게 된 것이다.

왜 이런 일이 일어났을까?

화학 비료가 논밭을 산성화시켰기 때문이다.

논밭에 화학 비료를 뿌리면, 농작물은 자기한테 필요한 양분은 흡수하고 나머지는 땅에 그냥 남긴다. 시중에서 판매되는 화학 비료는 황산암모늄·염화암모늄·황산칼륨·염화칼륨 등을 주성분으로 하는데, 이 비료를 농토에 뿌리면 식물의 성장에 도움을 주는 암모니아나 칼륨 같은 물질은 식물의 뿌리에 흡수되지만 황산이나 염소같이 산성을 띤 물질은 땅에 그대로 남는다.

'토양의 산성화'는 이 과정이 오랫동안 되풀이되어 일어난다. 산성을 띤 물질이 논밭에 계속 쌓여 논밭이 강한 산성으

로 변하게 되는 것이다. 산성화된 토양에서는 흙이 단단하게 굳고 수분이 줄어들어 농작물이 잘 자라지 못한다. 또 땅을 기름지게 해 주는 토양 생물들이 죽고 대신 농작물에 해를 끼치는 미생물만 엄청나게 늘어나서 농작물이 걸핏하면 질병을 앓게 된다.

음식물 쓰레기로 만드는 간편한 천연 비료
화학 비료는 이처럼 처음 몇 해 동안은 수확량을 늘이는 데 큰 도움을 주지만, 오랫동안 계속 사용하면 땅을 산성화시켜 오히려 수확량을 줄인다. 화학 비료를 안 쓰자니 수확량이 줄고, 쓰자니 땅이 병든다. 그래서 오늘날 농촌에서는 논밭에 화학 비료와 천연 비료를 번갈아 가며 뿌린다. 또 천연 비료에서 풍기는 악취나 보관상의 문제를 해결하기 위해 화학 비료처럼 냄새가 나지 않으며 보관하기 편리하고 물에 쉽게 녹는 천연 비료를 개발하려는 노력도 계속되고 있다.

　이런 노력 속에서 나온 것이 도시의 음식물 쓰레기를 이용하여 만든 천연 비료이다. 음식물 속에 들어 있는 각종 영양분이 비료와 같은 기능을 한다는 점을 이용하여, 도시에서 나오는 각종 음식물 쓰레기를 모아서 화학 비료처럼 가공하여 농가에 보급하는 것이다. 아직 생산량이 많지 않아 값이 좀 비싸기는 하지만 앞으로 이런 연구가 더욱 활발해진다면 값싸고 품질 좋은 천연 비료가 더욱 많이 생산될 것이다. 그러면 처치 곤란한 음식물 쓰레기도 말끔히 처리되고 논밭이 산성화될 염려도 없으니 그야말로 꿩 먹고 알 먹는 셈이다.

6 알록달록한 옷, 병드는 하천 - 합성 염료

알록달록 색동 저고리, 내가 좋아하는 병아리색 스웨터, 내 동생의 귀여운 빨간 코트, 아버지의 회색 양복, 오빠의 검은 재킷, 텔레비전 사극에 나오는 임금님의 황금빛 의관. 저마다 다른 옷감으로 되어 있지만, 사실 이 모든 옷감의 실이 지닌 본디 색깔은 비슷하다. 모두 희거나 누르스름한 빛을 띠고 있다.

그럼 옷감의 빛깔은 왜 이렇게 바뀐 걸까?

바로 염료 때문이다. 염료란 옷감을 물들이는 색깔 있는 물감을 말한다.

자연에서 염료를 얻다

사람이 염료를 사용한 역사는 퍽 오래 되었다. 기원전 2000년경에 이미 옷감을 쪽빛으로 물들인 흔적이 남아 있다.

　옛날 사람들은 주로 식물에서 염료를 얻었다. 식물의 경우, 바다에 사는 해조류에서 이끼·꽃식물에 이르기까지 거의 모든 종이 염료로 이용되었다. 우리 조상들도 예부터 잇꽃·쪽·다목·치자나무·감나무의 잎이나 줄기·꽃·열매 등에서 적색·남색·황색·갈색 등의 염료를 얻었다.

　흔하지는 않았지만 동물에서 염료를 채취하기도 했다. 지중해 연안 사람들은 기원전 1600년경부터 조개에서 보라색을 채취해 염료로 이용했고, 멕시코에서는 선인장에 붙어 사는 연지벌레라는 작은 곤충에서 진홍빛을 얻기도 했다. 그러나 이런 염료는 생산량이 많지 않아 값이 무척 비쌌다. 그래서 보라색이나 진홍색은 신분이 높고 재산이 많은 사람이나 입을 수 있는 고귀한 색으로 통했다.

　모든 사람이 원하는 색의 옷을 마음껏 입을 수 있게 된 것은 1856년 합성 염료가 발견되고 나서부터의 일이다.

우연하게 만들어진 합성 염료
합성 염료는 1856년에 영국의 윌리엄 퍼킨이 처음 만들었다.

　퍼킨은 당시 영국 왕립대학교 화학과 학생이었는데, 화학 물질로 말라리아의 치료 약제인 '키니네'를 만드는 실험을 하다가, 시험관에 난데없이 검은색 덩어리가 가라앉아 있는 것을 보았다.

"아니, 이게 뭘까?"

그는 호기심에 이 덩어리를 알코올 용액에 넣어 보았다. 그러자 투명한 알코올 용액이 아름다운 연보랏빛 용액으로 변했다. 당시 보랏빛을 내는 염료는 값이 무척 비쌌다. 그래서 퍼킨은 혹시나 하고 하얀 비단 조각을 이 용액에 적셔 보았다. 그랬더니 비단이 연보라색으로 곱게 물드는 것이 아닌가! 이 연보랏빛은 비단을 물에 담가 박박 비벼도, 오랫동안 햇볕을 쬐도 바래지 않았다.

퍼킨은 말라리아 치료제를 만드는 데 실패한 대신 값비싼 보랏빛 염료를 만드는 데 성공한 것이다.

값싸고 품질 좋은 염료

퍼킨이 값싼 화학 약품으로 염료를 만들어 큰 부자가 되자, 많은 사람들이 앞다투어 합성 염료를 개발하기 시작했다. 덕분에 19세기 후반부터 여러 가지 색깔의 합성 염료가 탄생했다.

합성 염료의 등장으로 가장 크게 달라진 것은 누구나 원하는 빛깔의 옷을 마음껏 입을 수 있게 되었다는 점이다. 합성 염료는 몇 가지 화학 약품만 있으면 얼마든지 대량으로 생산할 수 있고, 천연 염료에 비해 색깔도 훨씬 다양하기 때문이다. 더구나 합성 염료는 빛이나 물, 마찰에도 강해 그것으로 염색된 옷은 오랫동안 비벼 빨거나 햇빛에 말려도 색이 바래지 않았다.

합성 염료는 이런 장점 때문에 오늘날 천연 염료를 밀어 내고 '염료의 왕'으로 자리잡게 되었다.

아름다운 독극물

그러나 아름다운 빛깔을 내는 합성 염료는 제조 과정이나 옷감을 물들이는 과정에서 엄청나게 많은 폐수를 방출한다.

합성 염료는 초기에는 석탄에서 추출한 콜타르를 재료로 하여 만들었으나, 오늘날에는 석유의 증류 과정에서 나오는 벤젠을 주요 원료로 한다. 이 때문에 합성 염료를 만들거나 합성 염료로 옷을 물들이다 보면 기름 성분의 유기 화학 물질이 엄청나게 배출된다. 더구나 이 폐수에는 합성 염료의 품질을 높이기 위해 첨가한 독성이 강한 무기 화학 물질도 여러 종류 들어 있다.

그런데 이런 폐수가 제대로 처리되지 않고 강으로 흘러 들어간다면 어떻게 될까?

하천에 기름 성분의 유기 화학 물질이 흘러들면, 이를 분해하기 위해 각종 미생물의 수가 급격히 늘어나 산소가 부족해진다.

미생물이 물 속에 녹아 있는 산소를 이용하여 유기 화학 물질을 분해하는 것이다. 이 때문에 합성 염료 공장에서 폐수를 방출하면, 물고기들이 숨을 쉬지 못해 허연 배를 드러내고 물 위로 둥둥 떠오르고 만다. 더구나 합성 염료의 품질을 높이기 위해 첨가하는 독성이 강한 무기 화학 물질들은 미생물에 의해서도 분해되지 않는다. 이 무기 화학 물질들은 하천의 생태계에 직접적인 피해를 끼친다. 하천의 동식물이 물과 함께 독극물을 빨아들여 목숨을 잃는 것이다.

합성 염료 뒤에는 아름다운 산천을 더럽히고 죽음을 몰고 다니는 무서운 그림자가 숨어 있는 것이다.

폐수를 내보내지 마세요

합성 염료 공장이나 염색 공장에서는 오랜 시간 동안 시커먼 폐수를 배출하여 우리의 하천을 썩어 가게 했다. 그러나 오늘날 공장주들은 이 더러운 폐수를 함부로 하천에 배출하지 못한다. 정부에서 '환경보전법'이라는 규제법을 만들어 공장에 폐수 정화 장치를 의무적으로 갖추게 했고, 오염 물질을 정화하여 배출하지 않을 경우 무거운 벌을 내리기 때문이다.

그러나 규제법을 만들어 놓았다고 해서 공장 폐수의 문제가 완전히 해결되는 것은 아니다. 폐수를 다시 처리하려면 과정이 복잡하고 비용이 많이 들어 어떤 공장주들은 아무도 보지 않는

틈을 타서 폐수를 정화하지 않은 상태로 마구 흘려 보내기도 한다. 우리의 강과 바다가 다시 아름다운 모습을 되찾으려면, 무엇보다 먼저 이러한 공장주들이 양심을 되찾아야 할 것이다.

7 해충도 죽이고, 사람도 죽이고 – 살충제

여름만 되면 어느 새 나타나 우리 주위를 맴돌며 극성을 피우는 모기. 모기는 사람의 피를 쪽쪽 빨아먹고 피부를 가렵게 하는 귀찮은 곤충이다. 그러나 이 정도면 양반이다. 까딱하여 뇌염 모기나 말라리아 모기한테 물리면 목숨까지 잃는다.

모기처럼 전염병을 옮기거나 농작물에 해를 끼쳐 사람들에게 큰 피해를 입히는 곤충을 해충이라고 한다. 파리·모기·빈대·벼룩·바퀴벌레 등은 우리 주위에서 흔히 볼 수 있는 해충이고, 이 밖에도 멸구나 배추잎벌레는 농작물에 해를 끼치고, 옷좀나방의 애벌레는 옷감을 갉아먹는다. 때문에 인류는 오랫동안 해충 때문에 골치를 앓아 왔다.

그러나 오늘날에는 골치 아픈 해충들을 싹 없애 주는 고마운 약품이 개발되었다. 바로 살충제다.

DDT의 발명

인류가 해충과의 전쟁에 쓸 강력한 무기를 갖게 된 것은 1939년에 스위스의 폴 뮬러가 DDT를 발명하면서부터였다. 당시 스위스에서는 일본에서 제충국(벌레잡이 국화)을 수입하여 살충제로 사용하고 있었다. 그러나 일본이 전쟁을 앞두고 제충국의 수출을 봉쇄하자, 스위스는 새로운 살충제를 만들 방법을 연구할 수밖에 없었다.

뮬러는 당시 스위스의 한 염료 회사에 다니며 모직물을 갉아 먹는 '옷좀나방의 애벌레'를 물리칠 살충제 개발에 전념하고 있었다. 그 결과, 제충국이 '피레트린'이라는 살충 물질을 분비하여 해충의 신경 조직을 파괴함으로써 해충을 방제한다는 사실을 알아 냈다. 뮬러는 벤젠과 에탄올과 염소를 합성하여 피레트린과 똑같은 작용을 하는 살충제를 만들어 냈다. 이것이 바로 최초의 살충제 DDT이다.

덤벼라, 해충아! - DDT의 맹활약

DDT는 옷좀나방의 애벌레 때문에 몸살을 앓던 의류업자들은 물론 해충의 극성에 골치를 썩던 농민들에게도 큰 도움을 주었다. DDT는 어떤 곤충에게도 큰 효력을 발휘했으므로, 칙칙 뿌리기만 하면 해충이란 해충이 모두 목숨을 잃고 떨어져 나갔다.

가난해서 청결에 신경 쓸 여력이 없던 1960~70년대의 우리

나라에서 DDT는 전염병을 없애 주는 고마운 약품이기도 했다. 당시 우리 나라는 한 해에 몇 차례씩 발진티푸스로 몸살을 앓았다. 발진티푸스는 더러운 옷이나 사람의 몸에 붙어 사는 '이'가 옮기는 전염병으로, 전염되면 40도를 오르내리는 고열과 함께 두통이 일고 온몸에 울긋불긋한 반점이 돋아나 끝내 목숨을 잃기까지 했다.

그러나 DDT 앞에서 발진티푸스를 옮기는 이 역시 기를 펴지 못했다. 덕분에 당시 학교에서는 학생들을 한 줄로 세워 놓고 "(칙칙) 통과! (칙칙) 통과!"를 외치며 DDT를 살포하는 웃지 못

할 풍경이 연출되기도 했다.

사람도 죽이는 살충제

하지만 초강력 살충제 DDT는 너무 강력해서 문제였다. 곤충이란 곤충에 모두 효과가 있다 보니, 애꿎은 익충들까지 DDT 앞에서 목숨을 잃은 것이다. 그뿐 아니었다. DDT는 동물의 체내에 잔류하는 무서운 성질을 지니고 있었다. 진딧물 한 마리가 DDT의 공격을 받고 비실거리다가 개미에게 먹히면, 그 개미와 또 그 개미를 잡아먹는 노린재와 그 노린재를 잡아먹는 새까지

모두 목숨을 잃었다.

  DDT는 흙 속에 머물러 있다가 농작물 속으로도 들어갔다. 물론 피해는 그런 농작물을 먹는 사람에게도 나타났다. DDT가 몸에 계속 쌓여 각종 신경 장애를 일으키다가 결국 목숨을 잃게 되는 사람이 생겨난 것이다.

  한 생명체에서 다른 생명체로 끊임없이 이동하면서 생태계 전체를 파괴할 수 있는 위력을 지닌 무시무시한 살충제, DDT. DDT는 바로 이 무서운 위력 때문에 오늘날 세계 모든 나라에서 사용이 금지되었다. 그러나 DDT 이후 개발된 해충 방제용 화학 살충제 역시 해충을 죽일 만큼 독성이 강한 화학 물질을 이용하고 있다. 살충제는 크건 작건 생태계에 해를 끼칠 위험을 늘 안고 있는 것이다. 여름만 되면 농부 몇 사람이 농약을 뿌리다가 변을 당했다는 기사가 꼬박꼬박 신문의 한 면을 장식하지 않는가?

자연에서 꺼내 오는 살충제

다른 동물들과 마찬가지로 곤충도 자연 상태에서는 먹이 사슬을 통해 그 수가 일정하게 유지된다. 그러나 인류는 산업을 발달시키면서 자연계의 이러한 균형을 깨뜨려 왔다. 그 탓에 사람에게 해를 끼치는 해충의 수가 나날이 증가했고, 이런 해충을 없애는 새로운 살충제도 계속 개발되었다.

그러나 자연계의 균형이 깨어져 발생한 문제는 자연계가 균형을 되찾게 해 주어 푸는 것이 가장 효과적이지 않을까?

먹이 사슬이 깨어짐으로써 갑자기 늘어난 해충을 먹이 사슬을 복구하여 잡는 것이다. 천적으로 해충을 잡는 방법이 그 중 하나다. 가령 벼에 큰 해를 끼치는 벼멸구를 거미를 통해 잡으면 못된 해충도 없어지고 자연 생태계도 복구되는 일석이조의 효과를 볼 수 있다. 식물의 독성을 이용하는 방법도 좋다. 담배의 니코틴이나 제충국의 피에트론 등을 이용한 살충제가 바로 그것으로, 이런 살충제는 효과는 조금 떨어져도 생태계 전체가 파괴되는 위험은 막을 수 있다.

자연계의 균형을 되찾아 주고 해충도 구제해 주는 품질 좋은 살충제……. 이런 살충제가 개발된다면 인류의 지혜가 탄생시킨 또 하나의 위대한 발명품으로 기록될 것이다.

3부 첨단 제품

작아지는 전자 제품, 파괴되는 오존층 – 반도체 부품

우리 주변에는 전자 제품이 참 많다. 텔레비전, 라디오, 비디오, 세탁기, 냉장고, 컴퓨터, 팩시밀리, 전자 계산기에 이르기까지 우리는 전자 제품의 홍수 속에서 살고 있다.

이 전자 제품은 전자 공업의 발달과 더불어 인류 역사에 등장하게 되었다. 전자 공업은 전자 운동의 특성을 응용하여 생활에 필요한 각종 기기를 만들어 내는 공업으로, 에디슨이 '열전자 방출'(금속이나 반도체를 가열했을 때 표면에서 전자가 방출되는 현상)을 발견한 이래 진공관·트랜지스터·다이오드·집적 회로의 발명을 거치며 눈부신 발전을 거듭해 왔다.

반도체는 이와 같은 트랜지스터·집적 회로 등을 만드는데 가장 핵심적인 재료이다. 그래서 우리는 전자 부품을 생산하는 산업을 통틀어 '반도체 산업'이라고 부른다.

반도체란 무엇일까?

구리나 철사처럼 전류가 잘 흐르는 물질을 '도체', 유리나 나무처럼 전류가 전혀 흐르지 않는 물질을 '부도체'라 한다. 반도체란 말 그대로 도체와 부도체의 중간적 성질을 지닌 물질이다. 도체처럼 전류가 잘 흐르지도 않고 부도체처럼 전혀 안 흐르지도 않는 물질로 규소, 게르마늄 등이 이에 속한다.

반도체는 그냥 두었을 때는 구리만큼 전류가 잘 흐르지 않는다. 그런데 불순물을 조금만 섞어 주면 놀라운 변화를 일으켜 전선보다 전류를 훨씬 잘 전달한다. 또 어떤 불순물을 섞느냐에 따라 전류가 흐르는 방향을 바꾸기도 하고 전류가 강해지기도 한다.

반도체의 이런 성질이 발견되기 전까지 전자 기기에서 전류의 흐름이나 크기·이동 방향 등을 바꾸어 작동을 제어하는 기능은 크고 복잡한 진공관 회로를 통해 이루어졌다. 그러나 반도체가 발견되자 전자 기기에서 진공관 회로가 자취를 감추게 되었다. 반도체에 불순물만 조금 섞어 주면 크고 복잡한 진공관 회로가 하는 역할을 뚝딱 해치울 수 있으니까. 반도체 부품이 작은 크기로도 커다란 진공관 회로의 몫을 해내는 것이다.

작아지는 반도체 부품, 작아지는 전자 제품

초기의 반도체 부품은 진공관 회로보다는 작았지만, 오늘날의 반도체 부품에 비하면 크기가 무척 컸다. 이 때문에 과거에는 전자 제품도 크기가 무척 컸다. 특히 복잡한 전산 업무를 처리하는 컴퓨터의 경우에는, 덩치가 어찌나 컸던지 어지간한 사무실에서는 놓을 자리가 없어 설치할 엄두를 못 냈다.

그러나 과학 기술이 발달하면서 반도체 부품의 크기는 점점 작아졌고, 마침내 '반도체 산업의 꽃'이라고 불리는 집적 회로(IC)가 등장하기에 이르렀다.

집적 회로란 가로, 세로 5mm 정도의 네모난 얇은 판에 수많은 부품을 모아 놓은 것으로, 초고밀도 집적 회로의 경우는 하나

의 기판에 10만 개 이상의 부품이 모여 있다.

집적 회로의 등장으로 전자 제품의 크기는 더욱 작아졌다. 예전에는 커다란 회로판에 부품을 하나하나 배치해 놓고 이것을 일일이 전선으로 다시 이어야 했지만, 이제는 손톱만한 반도체 칩 하나면 모든 문제가 해결되니 전자 제품의 크기가 작아진 것은 당연한 일이다.

반도체와 오존층

반도체 부품은 정밀한 제품인 만큼 먼지가 조금만 끼여도 제 기능을 발휘하지 못한다. 때문에 반도체는 깨끗한 곳에서 만들어야 하고, 만들고 난 뒤에는 깨끗이 세척해야 한다.

1980년대 이전까지 반도체는 '프레온(염화불화탄소)'으로 세척했다. 프레온은 화학적으로 안정되어 있어 다른 약품이나 금속과 반응하지 않기 때문에, 반도체를 세척하면서도 성능에 변화를 일으킬 염려가 없기 때문이다. 그러나 이 훌륭한 세척제에는 무서운 비밀이 숨어 있었다. 오존층을 파괴하는 '염소 원자'가 들어 있었던 것이다.

오존층은 지상 16~28km의 대기에서 지구를 둘러싸고 있는 층으로, 태양 광선 중에서 사람이나 동식물에게 해를 끼치는 자외선이나 감마선 등을 막아 주는 소중한 방패다. 그런데 프레온은 반도체 세척 뒤에 공중으로 떠올라 오존층에 이르면 염소로 분해되어 오존층을 파괴해 버린다.

오존층이 파괴되어 자외선과 감마선이 지표면에 그대로 닿으면, 지상에 사는 모든 생명체들은 커다란 위험에 직면하게 된다. 자외선과 감마선은 생명체의 세포를 파괴하여 목숨을 빼앗거나 유전자에 이상을 일으켜 돌연변이를 발생시키는 무서운 힘을 지니고 있기 때문이다.

몬트리올 의정서
언제부터인가 남극 하늘에는 봄에 해당하는 10월만 되면 성층권

의 오존 농도가 절반으로 떨어져 오존층에 구멍 같은 것이 나타나고 있다. 남극에서 가까운 오스트레일리아는 세계에서 피부암 발생률이 가장 높고 그 수치가 점점 증가하고 있다. 사태가 이 지경에 이르자, 국제 사회에서는 오존층 파괴 물질의 사용 규제 방안에 대해 심각하게 논의했다.

마침내 1987년 세계 각국의 지도자들이 캐나다 몬트리올에 모여 '오존층 파괴 물질에 대한 몬트리올 의정서'를 정식으로 체결했다. 몬트리올 의정서의 영향 아래 세계 각국에서는 1989년 1월부터 프레온을 비롯한 오존층 파괴 물질의 생산 및 사용을 엄격하게 규제하고 있고, 우리 나라에서는 1995년부터 반도체 세척에 프레온 사용을 전면 금지하고 있다. 뒤늦은 감이 없지는 않지만 세계 모든 나라가 힘을 합쳐 프레온 가스로부터 오존층을 지켜 내기 위해 노력하고 있는 것이다.

2 들고 다니는 전화, 뇌를 괴롭히는 전화 - 핸드폰

전화가 없을 때 사람들은 편지나 전신을 이용해 소식을 주고받았다. 편지는 하고자 하는 이야기를 모두 담을 수는 있지만 빠르지가 못했고, 전신은 하고자 하는 이야기를 전기 신호로 바꾸어 전달하는 탓에, 전기 신호를 풀이할 줄 아는 전신수가 없으면 이용이 불가능했다.

그러다가 1876년에 미국의 음성학자 벨이 목소리를 직접 전하는 전화를 발명하자 사람들의 놀라움은 이루 말할 수 없었다. 그러나 앉으면 눕고 싶은 것이 사람의 마음. 전화의 편리함에 익숙해지자 사람들에게는 한 가지 욕심이 더 생겼다.

다니면서 통화할 수 있다면?

초기의 전화기는 전화선이 있는 곳에서만 사용할 수 있었다. 그래서 전화벨이 따르릉 울리면, 일을 하다가도 현관문을 나서다가도 전화기 앞으로 달려가야 했다. 그 뒤 가정용 무선 전화기가 개발되었지만 이것 역시 본체에서 멀리 떨어지면 통화를 할 수 없었다.

그래서 사람들은 이런 생각을 품곤 했다.

'어디든 가지고 다니면서 통화할 수 있는 전화기가 있으면 얼마나 좋을까?'

세계 최대의 민간 통신 기기 제조업체인 모토롤라 사는 사람들의 생각을 발빠르게 파악했다. 그리고 마침내 1970년, 누구든 들고 다니면서 통화할 수 있는 전화기, 이른바 '핸드폰'을 세상에 선보였다.

안테나가 달린 전화기

무선 휴대 전화기, 이른바 '핸드폰'은 전화선 없이도 소리를 전달한다. 어떻게 해서 이런 일이 일어날 수 있는 걸까?

텔레비전이나 라디오 방송국은 전선 없이도 각 가정에 영상이나 소리를 전달한다. 전선을 타고 흐르는 전류가 아니라 공기 중으로 퍼져 나가는 전파를 이용해 영상이나 소리를 전달하기 때문이다.

핸드폰은 전파의 이러한 성질을 이용하여 개발한 통신 기기이다.

우리가 핸드폰을 이용해 누군가에게 전화를 걸면, 핸드폰의 송신 장치는 음성을 전기 신호로 바꾸고 이 신호를 다시 전파로 바꾸어 안테나를 통해 기지국으로 쏘아 보낸다. 그러면 기지국에서는 이 전파를 받아 지정된 번호의 핸드폰으로 연결해 주고, 상대방 핸드폰의 안테나가 다시 이 전파를 받는다. 그러면 그 핸드폰의 수신 장치에서 전파가 다시 전기 신호로, 전기 신호가 다시 음성으로 바뀌어 우리의 귀에 전달되는 것이다.

선이 없는 전화기, 작은 안테나만 달린 휴대폰은 바로 이런 원

리로 작동된다.

때와 장소를 가리지 않는다

핸드폰의 등장은 통신의 역사에 일대 혁신을 일으켰다.

들고 다니면서 통화할 수 있다는 장점은 '전화기의 불편함'을 단숨에 해결해 주었다. 핸드폰만 있으면 길거리에서, 버스나 전철에서, 또 멀리 출장을 가서도 원하는 사람과 바로바로 통화할 수 있으니까. 이제 더 이상 언제 올지도 모르는 연락을 받으려고 전화기 앞에 죽치고 앉아 기다리거나, 급히 전할 전갈이 있는데 사람이 어디 있는지 몰라 애를 태울 이유가 없어졌다. 언제, 어디서, 누구하고든 통화할 수 있는 시대가 열린 것이다.

덕분에 오늘날 무선 휴대 통신 사업은 '미래 산업'으로 각광받으며 나날이 발전하고 있고, 무선 휴대 전화기 '핸드폰'은 가입자 1500만 명을 돌파하며 우리 생활 속으로 급속히 파고 들어오고 있다.

핸드폰 공해와 전자파의 위험

그러나 핸드폰은 날 때부터 치명적인 문제점을 안고 있었다. 핸드폰의 자랑인 '때와 장소를 가리지 않고 통화할 수 있다'는 사실이 핸드폰을 사용하지 않는 많은 사람들에게 피해를 끼치기 시작한 것이다.

　오늘날 버스나 지하철에서는 물론이고, 조용한 도서관 열람실과 극장에서도 사람들은 난데없는 전화벨 소리를 듣고 깜짝깜짝 놀라게 된다. 바로 핸드폰의 벨 소리이다. 이럴 경우 조용히 뭔가를 하고 있던 사람들은 소음 공해에 시달리고, 듣고 싶지 않은 남의 이야기를 들어야 하는 피해를 입게 된다.

　핸드폰은 이용자에게도 피해를 끼친다. 운전하면서 핸드폰으로 통화를 하다가 교통 사고를 일으키는 사건은 이미 어제 오늘의 일이 아니다. 또 지나친 핸드폰 사용은 이용자로 하여금 병원 신세까지 지게 할 수 있다. 핸드폰에서 나오는 전파, 즉 전자파 때문이다.

전자파란 '전자 제품에서 나오는 전기파와 자기파'를 일컫는 말로, 뇌를 자극해 두통을 일으키고 눈을 건조하게 하며 체온을 높이는 등 사람의 몸에 나쁜 영향을 미친다. 또 우리 몸에서 시계 역할을 하는 멜라토닌 색소의 양을 감소시켜 불면증과 식욕 부진 등의 증상을 일으키기도 한다.

전자파는 어느 전자 제품에서건 흘러 나오지만, 가장 큰 문제로 떠오르는 것이 핸드폰의 전자파이다. 텔레비전이나 냉장고 같은 일반 전자 제품은 사람의 몸에서 떨어져서 작동하므로 인체에 끼치는 영향이 줄어들지만, 핸드폰은 늘 몸에 지니고 다녀야 하고 얼굴에 바짝 들이대어 사용하므로 건강에 문제를 일으킬 가능성이 그만큼 높은 것이다.

올바른 휴대폰 이용 문화를 정착시키자

언제 어디서 누구하고든 통화하고 싶은 사람의 마음이 핸드폰이라는 편리한 전화기를 탄생시켰지만, 이 편리한 전화기는 언제 어디서 누구에게든 알게 모르게 피해를 끼치고 있다. 그러니 이럴 때일수록 올바른 핸드폰 문화를 정착시키기 위해 노력해야겠다. 공공 장소에서는 되도록이면 핸드폰을 사용하지 않도록 하고, 꼭 필요한 경우에는 해야 할 이야기만 간단히 하고 끊도록 하자. 그래야 다른 사람에게 돌아가는 피해도 줄이고, 자신의 건강도 지킬 수 있을 테니 말이다.

3 슈퍼급 전자 계산기, 도둑맞는 정보 – 컴퓨터

간단한 문서를 작성하고 처리하는 일에서부터 음악 연주, 만화 영화 제작, 인터넷 통신까지 오늘날 컴퓨터는 못 하는 일이 없는 만능 기계로 통한다. 그런데 이 놀라운 기계가 원래는 수학 문제를 풀기 위한 간단한 도구에서 출발했다고 한다. 자, 이제 컴퓨터의 역사를 쫓아가 보자.

컴퓨터의 조상, 수판
사람의 계산 능력은 어디까지일까?
  간단한 덧셈·뺄셈은 머리만 가지고도 얼마든지 계산할 수 있지만, 복잡한 계산은 머리만으로 해결할 수 없다. 이 때문에 인류는 오랜 옛날부터 계산 능력을 보충해 주는 도구를 개발해 왔다.

숫자가 없던 시대에는 동물의 뼈나 나무 껍질에 빗금을 그어 기억했고, 문명이 발달하자 수판과 같은 간단한 도구를 만들었다.

수판은 기원전 5000년경 티그리스-유프라테스 강 유역(오늘날의 터키와 이라크가 있는 곳)의 사람들이 처음 만들었다. 당시의 수판은 딱딱한 흙판에 홈을 파고 그 안에 조약돌을 집어 넣은 뒤, 수를 더하거나 뺄 때마다 안에 든 조약돌을 홈 이쪽에서 저쪽으로 옮기는 구조로 이루어져 있었다.

그 뒤 수판은 더욱 정교해져 1900년대 중반까지 계산을 돕는 도구로 널리 쓰였다. 그러나 하루가 다르게 과학이 발달하자, 수판으로 할 수 없는 복잡한 계산을 해야 할 경우도 많이 생겨났다. 이 때 많은 과학자들의 고민은 한 곳으로 모였다.

"계산을 좀더 빨리, 좀더 정확하게 할 수 없을까?"

이 문제를 해결해 준 것이 슈퍼급 전자 계산기, 바로 컴퓨터이다.

최초의 컴퓨터는 뚱뚱보?

컴퓨터는 원래 '전자 계산기'라는 뜻으로, 복잡한 계산을 좀더 빨리, 정확하게 해내기 위해 개발되었다.

최초의 전자식 컴퓨터는 1946년에 미국의 존 모클리와 프레스커 에커트가 개발한 '애니악'이었다. 애니악은 거기에 이용된 진공관의 수만 1만 8000여 개에 이르고, 무게가 무려 30톤이나 되는 어마어마한 기계였다. 이 엄청난 기계는 계산 능력도 그 크기만큼이나 탁월했다. 프랑스의 유명한 수학자 샹크스가 평생을 바쳐 계산한 원주율을 단 몇 초 만에 소수점 아래 707자리까지 계산해 낸 것이다. 또한 애니악은 그의 계산이 소수점 아래 528번째 자리부터 틀렸다는 사실까지 밝혀 냈다. 이처럼 빠른 계산 속도 덕에 애니악은 당시에 '탄환보다 빠른 계산기'라는 칭송을 받았다.

그러나 애니악이 하던 정도의 일은 오늘날 손바닥만한 전자 계산기도 척척 해낸다. 컴퓨터 기술이 그만큼 발달한 것이다. 최

근에 나오는 가정용 컴퓨터는 크기가 애니악의 수백분의 1도 안 되지만, 계산 속도는 애니악보다 수백 배 빠르다. 단순히 계산만 빨라진 것이 아니다. 성능 또한 눈부시게 발전했다. '램'과 '롬'이라는 기억 장치를 이용해 대량의 정보를 기억하여, 사람 대신 문서를 작성하고 그림을 그리고 음악을 연주하는 등 온갖 기능을 발휘한다.

정보의 바다에서 헤엄친다 - 컴퓨터의 활약

컴퓨터는 인간이 만들었지만 여러 면에서 인간보다 뛰어난 능력을 발휘한다. 사람이 죽을 때까지 매달려도 못 끝낼 계산을 단 1초에 처리할 수 있고, 수십 권 분량의 백과사전을 접시보다 작은 CD롬 한 장에 기억해 두었다가 언제든 꺼내 읽을 수 있게 해 준다. 또한 인터넷이라는 통신망을 구축하여 전 세계를 하나로 이어 주고 있다.

때문에 컴퓨터는 오늘날 가정과 기업과 국가 기관의 필수품이 되어 가고 있다. 가정에서는 주부의 가계부 작성과 자녀의 숙제 등에 컴퓨터의 도움을 받으며, 기업에서는 컴퓨터를 이용해 복잡한 업무를 자동으로 처리한다. 관공서에서도 주민등록 등본 발급과 같은 기본적인 민원 업무에서부터 공항의 입출국 관리에 이르기까지 대부분의 일이 컴퓨터를 통해 이루어지고 있다.

그러나 한순간에 날리는 정보

컴퓨터가 사회의 모든 분야에서 인간을 대신하여 업무를 처리해 주는 시대가 되었다는 것은, 거꾸로 컴퓨터가 없으면 아무것도 할 수 없는 시대가 되었음을 뜻하기도 한다. 때문에 컴퓨터에 사고가 발생했을 때 피해도 훨씬 커진다.

 컴퓨터 사고가 일어나면, 개인적으로는 애써 입력한 정보가 한순간에 날아가 버리는 허탈감을 맛보기도 한다. 그러나 이러한 사고가 사회 전반에서 일어나면, 통신이 두절되고 전력과 가스 공급이 중단되며 은행 업무가 마비되는 등 사회 전체가 혼란에 빠지게 된다.

이 무서운 사고는 이용자가 컴퓨터를 잘못 다루거나 컴퓨터가 기계적 고장을 일으켰을 때만 일어나는 것은 아니다. 누군가 고의로 이런 문제를 일으킬 수도 있다. 개인용 컴퓨터를 이용해 다른 컴퓨터에 무단으로 침입하여 자료를 망가뜨리거나 훔쳐 내는 컴퓨터 범죄자, '크래커'가 바로 그들이다. 크래커들은 돈을 벌려는 목적으로 이런 일을 하는데, 한 기업에서 훔쳐 낸 정보를 경쟁 기업에 팔아 넘기거나, 한 국가에서 훔쳐 낸 기밀 정보를 적대적 관계에 있는 다른 국가에 팔아 넘겨 이익을 챙긴다.

21세기와 컴퓨터

다가오는 21세기에는 스스로 인식하고 판단하여 작동하는 5세대 컴퓨터, 이른바 인공 지능 컴퓨터가 등장한다고 한다. 인공 지능 컴퓨터가 등장하면, 사람들은 더 많은 일을 컴퓨터에게 넘겨 주고 더욱 편하고 여유롭게 살 수 있을 것이다.

그러나 이러한 발전 뒤에는 가히 상상을 초월하는 컴퓨터 사고의 위험이 도사리고 있다는 사실을 잊지 말아야 한다. 컴퓨터의 성능을 고도화하는 것도 중요하지만, 컴퓨터 사고를 방지할 대책도 함께 연구해야 하는 것이다. 자료를 최대한 안전하게 보관하는 방법, 정보 도둑에 대한 방범 대책, 컴퓨터 바이러스 치료법 등을 개발해야 하는 것이다.

4 잘 들리는 소리, 잘 엿듣는 기계 - 마이크로폰

오늘날 우리는 수천 킬로미터 떨어진 곳에 있는 사람과도 전화로 이야기를 나눌 수 있다. 수천 명의 군중 앞에서 쩌렁쩌렁한 목소리로 연설을 할 수도 있다. 그런데 이런 시대를 여는 데 가장 큰 공을 세운 발명품이 있다면 무엇일까?

소리를 전기 신호로 바꾸어 주는 장치, 바로 '마이크로폰'이다.

소리를 멀리까지 보내 준다고요? 크게 키워 준다고요?

사람의 목소리는 아무리 커도 200m 이상 갈 수 없다. 그러나 소리를 전기 신호로 바꿀 수 있다면, 전선을 통해 얼마든지 멀리까지 보낼 수 있다. 이러한 원리를 이용해 개발된 발명품이 바로 전화기이다.

마이크로폰은 전화기에서 소리를 전기 신호로 바꾸어 주는 역할을 하는 핵심 장치이다. 가령 서울에 있는 사람과 부산에 있는 사람이 전화기로 이야기를 주고받을 수 있는 것도 바로 전화기에 마이크로폰이 내장되어 있기 때문이다.

마이크로폰은 전화기에만 쓰이는 것이 아니다. 우리가 흔히 쓰는 '마이크'는 마이크로폰의 줄임말인데, 마이크로폰을 이용하면 우리는 수천 명이 모인 공연장에서도 가수의 노래 소리를 크게 들을 수 있다. 마이크로폰에 증폭기(앰프라고도 한다)와 확성기(스피커라고도 한다)로 이루어진 확성 장치를 연결하면 작은 소리가 천둥처럼 큰 소리로 바뀌어 청중들에게 전달되기 때문이다.

마이크로폰과 증폭기, 확성기의 만남은 귀가 상해 소리를 잘

듣지 못하는 사람들에게도 큰 도움을 주었다. 마이크로폰과 증폭기·스피커를 조그맣게 축소시키면, 소리를 잘 듣지 못하는 사람에게 소리를 전달해 주는 보청기가 태어나니까. 이 보청기를 귀에 쏙 끼우기만 하면, 나이 드신 할머니·할아버지도 선천적으로 청신경이 약한 사람들도 답답해서 가슴을 칠 일이 없다.

소리 도둑, 마이크로폰

첩보 영화를 보면 비밀 요원이 도청 장치를 이용해 다른 사람의 말을 엿듣는 장면이 자주 나온다. 그런데 이것은 영화 속에서만 일어나는 일이 아니다. 마이크로폰과 전선, 스피커만 있으면 특별한 기술 없이도 도청기를 만들 수 있기 때문이다.

더구나 반도체 산업의 발달로 마이크로폰은 크기가 점점 더 작아져 손톱만한 제품도 생산되고 있고, 가격도 뚝 떨어져 1~2만 원이면 충분히 살 수 있다. 핵심 부품이 이렇게 작고 구하기 쉬우니, 마음만 먹으면 누구나 도청기를 만들어 남의 이야기를 몰래 엿들을 수 있는 것이다. 실제로도 오늘날 우리 주위에서는 도청이 공공연히 일어나고 있다.

미국의 37대 대통령 닉슨은 선거를 앞두고 자신의 반대당인 민주당 사무실에 도청 장치를 설치하여 정책과 전략을 엿듣다가 결국 들통이 나서 대통령 직에서 물러났다. 그러나 국가나 기업 차원에서 일어나는 도청만이 범죄는 아니다. 개인 차원에서 일어나는 도청도 명백한 범죄다. 개인을 상대로 한 도청은 특히 사생활의 비밀을 지킬 권리를 짓밟는 인권 침해의 문제이다.

　사람은 누구나 자기 생활의 비밀을 지킬 권리가 있다. 죄를 짓고 법정에 선 사람에게도 자신의 행동에 대해 이야기하고 싶지 않으면 침묵을 지킬 권리가 있다. 그런데 누가 내가 하는 이야기를 모두 듣고 있고, 그래서 나의 하루 생활을 속속들이 다 알고 있다면 어떨까? 온몸에 소름이 좍 돋을 것이다.

소리 도둑을 소리 일꾼으로!

마이크로폰은 결코 누군가의 이야기를 엿들을 목적으로 발명된 것이 아니다. 마이크로폰을 최초로 개발한 벨은 귀가 상해 소리를 잘 듣지 못하는 청각 장애인들이 정상적으로 살아갈 수 있게 해 주려고 고민하다가 이 기계를 발명했고, 그 뒤 마이크로폰은 소리를 전달하는 각종 기계에 핵심 부품으로 쓰여 인류에게 큰 공헌을 해 왔다.

그렇다면 이제 억울하게 '도청죄'의 오명을 뒤집어쓴 마이크로폰을 제자리로 돌려줘야 하지 않을까?

도청의 폐해가 사회 각 영역으로 확대되자, 오늘날 세계 여러 나라에서는 '도청 금지법'을 제정하여 도청에 대한 규제를 강화하고 있다. 그러나 도청 문제는 규제만 강화한다고 해서 사라지는 것이 아니다. 그에 앞서 남의 이야기를 엿듣는 행위가 윤리·도덕적으로 얼마나 나쁜 행동인지, 얼마나 무서운 범죄 행위인지를 모두가 깨달아야 한다. 마이크로폰이 온전히 소리 일꾼으로서 역할을 다할 수 있으려면 도청에 대한 규제와 함께 도청에 대한 올바른 의식이 확립되어야 하는 것이다.

5 여객기에는 신호등, 미사일에는 공격 무기 – 레이더

사람의 시력에는 한계가 있어 먼 곳의 물체는 잘 알아보지 못한다. 또 빛의 밝기에 따라 볼 수 있는 범위가 크게 달라지므로 어두운 밤에는 한 치 앞도 내다보지 못한다. 그러나 여객기는 캄캄한 밤에도 하늘을 잘 난다. 그 비결이 무엇일까?

바로 레이더 덕분이다. 레이더가 조종사 대신 여객기의 눈 역할을 해 주는 것이다.

전쟁 무기로 태어난 레이더

1923년 독일에 히틀러 정권이 수립되자 유럽은 전쟁의 기운에 휩싸였다. 히틀러가 독일 민족의 긍지를 높인다는 명분 아래 세계 정복의 야망을 불태우고 있었기 때문이다. 영국은 독일과 바다를 사이에 두고 있었지만, 독일에서 성능 좋은 전투기를 자꾸만 개발하자 마음을 놓지 못했다.

 불안을 덜기 위해 영국에서는 1935년에 새로운 방어 무기를 개발했다. 바로 '레이더', 즉 전파를 통해 물체의 위치와 이동 경로를 파악하는 무선 탐지 장치였다.

 레이더 덕분에 영국은 제2차 세계대전 당시 독일 폭격기로부터 무차별 폭격을 받고도 인명 피해를 크게 줄일 수 있었다. 하늘에서 쏟아지는 폭탄을 막을 수는 없었지만, 독일 폭격기의 이동 방향과 이동 속도를 미리 계산하여 사람들을 사전에 대피시킨 것이다.

 제2차 세계대전이 끝나자 레이더는 무기에 본격적으로 이용

레이더의 작동 원리

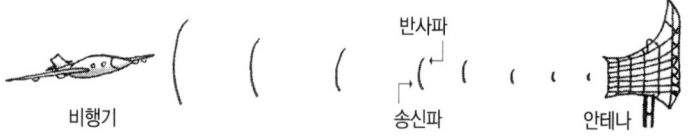

▶ 레이더는 안테나를 통해 전파를 쏘아 보낸 다음 물체에 반사되어 돌아오는 반사파를 되받아 물체의 위치를 파악한다.

되어 무기를 현대화하는 데 큰 공을 세웠다. 전투기에 장착되어 공격의 정확성을 높여 주고, 컴퓨터와 함께 미사일에 장착되어 미사일이 스스로 움직이는 공격 목표를 찾아가게 해 주고 있다.

반사파로 물체의 위치와 움직임을 알아 낸다

전파는 물체에 부딪히면 되튀어 돌아오는 성질이 있는데, 레이더는 전파의 이러한 성질을 이용해 만들어졌다. 전파가 물체에 부딪혀 돌아오는 시간을 계산하여 물체의 위치와 이동 속도, 이동 방향을 알아 내는 것이다.

레이더에 이용되는 전파는 일정한 속도로 나아간다. 그래서 전파를 발사한 뒤 그것이 물체에 부딪혀 반사되어 다시 돌아오기까지 걸린 시간을 재면 목표물이 얼만큼 멀리 떨어져 있는지 알 수 있다. 가령 1초에 약 26만km를 나아가는 마이크로파를 이용하는 레이더의 경우에, 전파가 발사되어 되돌아오기까지 1초가 걸린다면 레이더의 화면에 나타난 물체는 13만km 밖에 있는 것이다.

또한 레이더는 전파를 사방으로 쏘아 보내 어느 방향에서 반사파가 돌아오는지 가려 내어 물체의 위치를 파악하고, 컴퓨터와 연결되어 반사파가 돌아오는 시간의 변화까지 계산함으로써 물체의 이동 속도도 알 수 있게 해 준다.

안전의 길잡이

레이더는 전쟁을 앞두고 태어나 방어 무기로 쓰이다가 전쟁이 끝난 뒤에는 공격용 무기의 명중률을 높이는 데 크게 기여했다.

그러나 이 무선 탐사 장치는 평화적으로 이용되어 사람들의 안전을 지켜 주는 데도 큰 몫을 해 왔다. 선박이나 여객기, 항만이나 공항에서 이용되는 레이더가 그것이다.

여객기의 경우, 조종사의 눈만으로 항로를 파악하거나 이착륙을 시도할 경우 사고가 일어날 위험이 크다. 여객기는 1초에 수백 미터를 날아가므로 수백 미터 앞에 어떤 물체가 있는지 미리 알지 못하면 이를 피할 길이 없기 때문이다. 조종사가 다른 비행 물체가 다가오는 것을 눈으로 확인하고 방향타를 돌려도, 빠른 속도 때문에 충돌을 피할 수가 없는 것이다.

그러나 오늘날 여객기 충돌 사고는 좀처럼 일어나지 않는다. 여객기마다 조종석의 컴퓨터에 항로가 미리 입력되어 있어 모든 여객기가 자기 항로를 따라 안전하게 날기 때문이기도 하지만, 다른 비행 물체가 갑자기 나타나도 레이더가 사전에 그 물체의 존재를 알려 주기 때문이다.

빛의 밝기나 날씨의 변화에 상관없이 다른 물체의 존재를 파악할 수 있는 레이더의 장점 역시 항공 사고를 방지하는 데 큰 도움을 준다. 안개가 잔뜩 낀 날이나 캄캄한 한밤중에 여객기가 이륙이나 착륙을 시도할 경우, 공항의 관제탑에서 레이더로 다른 물체의 움직임을 파악하여 이를 여객기 조종사에게 알려 줌으로써 이착륙을 시도하는 여객기들이 서로 부딪치지 않게 해 주는 것이다.

레이더를 지구의 수호신으로!

무기로 태어나 무기의 발달에 공헌한 레이더. 그러나 레이더는 제2차 세계대전 이후 선박과 여객기에서 사람의 안전을 지켜 주는 안전판 역할도 하고 있다. 뿐만 아니라 천문학에서는 레이더를 이용해 지구에서 금성·수성까지의 거리를 밝혀 내고, 이 행성들의 자전 주기 및 자전축 방향, 표면의 굴곡 등을 밝혀 우주의 신비를 풀고 있다.

인류의 평화와 발전을 위해 개발된 발명품이 잘못 쓰이면 인류의 미래를 위협하게 되듯이, 무기로 태어난 발명품도 평화롭게 쓰이면 인류의 발전에 기여할 수 있는 것이다.

6 신나는 세계 여행, 무서운 폭격 - 비행기

새처럼 하늘을 훨훨 나는 것, 이것은 인류의 오랜 소망이었다.
 그리고 인류는 그 꿈을 이루기 위해 끊임없이 노력했다. 마침내 20세기 초에 인류는 새처럼 하늘을 나는 꿈을 당당히 실현시켰다. 하늘을 나는 기계, 비행기를 발명한 것이다.
 비행기, 그것은 인류의 오랜 꿈을 이루어 준 자랑스러운 발명품이었다.

최초의 비행기, 플라이트 1호
최초의 비행기는 미국의 라이트 형제가 만들었다.
 비행기가 개발되기 전에도 하늘을 날게 해 주는 장치는 있었다. 1891년에 독일의 릴리엔탈이 개발한 '글라이더'였다. 그러나 글라이더는 동력을 일으키는 장치 없이 바람의 힘을 빌려 날기 때문에 먼 거리를 날거나, 날면서 속도나 방향을 바꾸는 데 제약이 많았다.

19세기 말 가솔린 기관이 등장하여 자동차의 동력 장치로 쓰이기 시작하자, 이 기관을 글라이더와 결합시켜 바람의 힘을 빌리지 않고도 날 수 있는 비행기를 개발하려는 노력이 일었다. 마침내 이 노력의 결실을 거둔 사람이 미국의 라이트 형제다. 1903년 12월, 오빌 라이트와 윌버 라이트가 동력 장치를 갖추고 스스로 나는 비행기 '플라이트 1호'를 만들어 하늘을 나는 실험에 성공한 것이다.

날개에 작용하는 힘이 비행기를 날게 한다

지구 위의 모든 물체는 아래로 떨어지게 마련이다. 쇳덩이는 물론이고 가벼운 종이도 손에서 놓으면 팔랑팔랑 떨어진다. 그런데 비행기는 어떻게 그 무거운 몸체로 하늘을 날 수 있을까?

비행기가 날 수 있는 비결은 날개의 모양에 숨어 있다.

비행기 날개는 아랫면은 평평하지만 윗면은 불룩하게 튀어나와 있다. 그래서 평평한 아랫면을 지나는 공기는 속도가 떨어져 날개를 위로 밀어올리는 힘을 발생시키고, 불룩한 윗면을 지나는 공기는 속도가 빨라져 날개를 위로 끌어당기는 힘을 일으킨

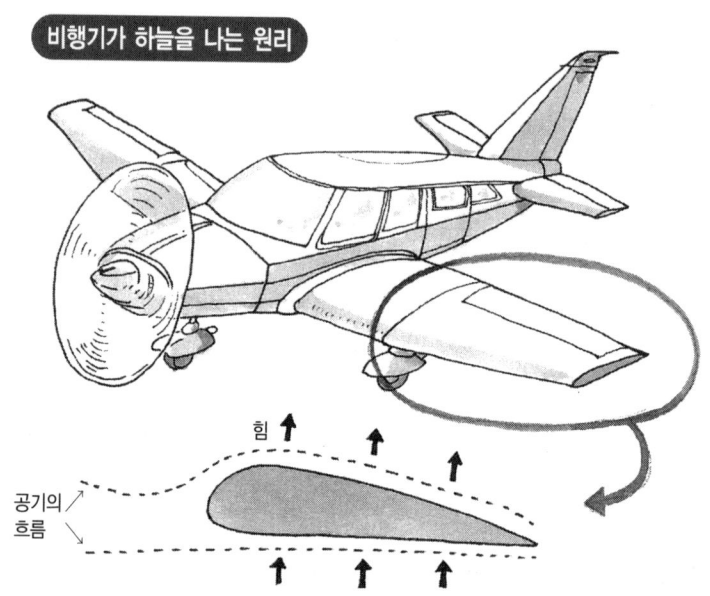

▶ 제트 엔진이 분사되면 비행기는 날개에 발생하는 '양력' 때문에 떠오른다. 날개 윗면에서는 공기가 흐르는 속도가 빨라져 기압이 낮아지고, 날개의 아랫면에서는 공기가 흐르는 속도가 느려져 기압이 높아진다. 이 기압 차이 때문에 비행기를 위로 떠오르게 하는 힘, '양력'이 발생한다.

다. 날개의 양면에서 발생하는 이 두 힘을 통틀어 '양력'이라고 하는데, 비행기는 바로 이 양력 덕에 떨어지지 않고 하늘을 날 수 있는 것이다.

좁아지는 지구촌

1919년 이후 비행기는 하루가 다르게 발전했다. 성능 좋은 연료와 엔진이 개발되어 비행 거리가 늘어나고 속도가 빨라졌으며, 레이더를 비롯한 각종 전자 장비가 갖추어져 비행이 더욱 안전해졌다.

오늘날 비행기는 자동차, 기차, 선박과 더불어 대중교통 수단의 하나로 자리잡아 하늘을 통해 사람과 상품을 실어나르고 있다.

비행기가 대중 교통 수단으로 자리잡자 지구촌은 점점 더 좁아졌다. 비행기를 통해 사람이 세계 각지를 여행하고, 상품이 세계 각지로 팔려 나가면서 전 세계가 지역적 편견을 극복하고 바야흐로 지구촌 한 가족 시대를 살아가게 된 것이다.

전쟁이 낳은 괴물, 전투기

그러나 어디로든 빠르게 날아갈 수 있다는 장점 때문에 비행기는 전쟁의 무기로도 이용되었다. 전투기가 역사에 등장한 것이다.

전투기가 전쟁에 본격적으로 이용된 것은 제2차 세계대전 때부터였다. 그 당시 등장한 전투기들은 공격 목표가 하늘, 땅, 바다 어디에 있건 상관하지 않았다. 하늘에서 저희끼리 공중전을 치렀고, 땅과 바다로는 폭탄을 투하하거나 폭격을 가해 수많은 사람들의 목숨을 앗아 가고 삶의 터전을 파괴했다. 이제 하늘, 땅, 바다 그 어느 곳도 안전할 수 없었다. 전쟁의 양상이 이른바 입체전으로 바뀌어 그 파괴력이 더욱 커진 것이다.

오늘날 전투기는 1만 5000~2만m 높이의 하늘을 음속보다 두세 배 빠르게 날 수 있고, 기관포·미사일·폭탄 등 각종 무기를 탑재하고 있다. 언제 어디서 전쟁이 벌어지건 공격 목표를 향해 순식간에 날아가서 그것을 파괴할 태세를 갖추고 있는 것이다.

하늘을 평화의 공간으로 만들자
끝없이 펼쳐진 푸른 하늘, 뭉게구름이 피어 오르고 바람이 지나다니는 아름다운 하늘을 보며 사람들은 저 하늘로 날아오르고 싶다는 소망을 키워 왔다. 그러나 그 꿈이 비로소 실현되었을 때, 인류는 하늘을 통해 가공할 만한 전쟁 무기가 날아오는 무서운 현실도 경험하게 되었다.

새처럼 자유롭게 하늘을 날아 보고 싶어한 인류의 오랜 꿈. 그 꿈이 진정 자유롭게 펼쳐질 수 있도록 하늘을 평화의 공간으로 만들자.

7 꿈의 우주 개발, 쌓이는 우주 쓰레기 - 인공 위성

1957년 10월 4일, 지금은 사라지고 없는 나라 소련에서 인류 최초로 우주를 향해 비행체를 쏘아 올릴 준비를 하고 있었다.
"10, 9, 8, 7……."
카운트 다운이 시작되고, 사람들은 숨소리를 죽였다.
"콰아앙!"
마침내 최초의 인공 위성, 스푸트니크 1호는 새빨간 불꽃을 내뿜으며 하늘로 솟구쳤다.
"야, 성공이다!"
스푸트니크 1호는 사람들의 환호성을 뒤로 한 채 순식간에 대기권에서 빠져 나가 지구 주위를 돌기 시작했다.
스푸트니크 1호는 그 뒤 3개월 동안 지구를 96분에 한 바퀴씩 돌며 전 세계 과학자들에게 무선 신호를 보내다가 이듬해 1월 4

일 역사의 저편으로 사라졌다. 그러나 그 뒤 인공 위성 개발이 본격화되어 세계 각국에서 무려 5000여 기 이상의 인공 위성을 지구 궤도로 쏘아 올렸다.

인공 위성의 활약

오늘날 우리는 남아메리카 아르헨티나의 부에노스아이레스에서 벌어지는 축제 장면을 같은 시간에 텔레비전을 통해 볼 수 있다. 일본에서 열리는 한·일 국가 대표팀 간의 축구 시합도 같은 시간에 텔레비전으로 볼 수 있다. 어떻게 이런 일이 가능한 것일까?

인공 위성 덕분이다. '통신 위성'으로 분류되는 인공 위성이 일본에서 쏘아 올린 경기 중계 전파를 받아 우리 나라로 곧바로 전달해 주기 때문이다. 통신 위성은 또 세계 각 지역 사이에 전화 통화나 데이터 통신도 중계한다. 우리가 미국에 있는 삼촌과 전화를 하고 이집트에 있는 어떤 친구와 인터넷 통신을 할 수 있는 것은 모두 통신 위성 덕분이다.

인공 위성의 역할은 이것이 다가 아니다. 기상 위성은 대기권 밖에서 구름의 이동 모습이나 기타 기상 조건을 관측하여 지상의 기상 관측소에 보내, 사람들이 날씨를 미리 알고 대비할 수 있게 해 준다. 항법 위성은 선박이나 비행기에 그 위치를 알려 주어 선박과 비행기가 흐린 날에도 안전하게 운항할 수 있게 해 준다. 이 밖에도 인공 위성은 화성·목성·토성과 같은 행성의 궤도를 돌며 지구로 관측 자료를 보내 주어 인류에게 우주의 신비를 풀 수 있는 열쇠도 제공하고 있다.

쌓이는 우주 쓰레기

그러나 인공 위성은 우리 눈에 보이지 않는 곳에서 심각한 문제를 일으키기도 한다. 나날이 늘어가는 '우주 쓰레기'가 바로 그것이다.

한번 발사된 인공 위성은 지구 주위를 영원히 돌며 일을 하는 것이 아니다. 시간이 지나면 수명이 다해 지구로 되떨어지거나 우주 쓰레기가 되어 우주 공간을 떠돈다. 수명이 다한 인공 위성이 '스푸트니크 1호'처럼 대기권을 통과하면서 공중에서 타 버리면 아무 문제도 없다. 하지만 우주에 남아 쓰레기 노릇을 하고 있는 것은 누가 치울까?

오늘날 지구 궤도를 돌고 있는 인공 물체는 약 1만 개이지만, 이 가운데 작동하고 있는 것은 5%에 불과하다. 나머지는 모두 수명이 다한 인공 위성이나 우주로 날아가다가 폭발한 로켓의 파편들이다. 이 우주 쓰레기들은 이따금 작동중인 인공 위성과 충돌해 고장을 일으키고 있고, 우주 탐사선이나 우주 여객선의 비행을 방해하여 인류가 우주를 개발하는 데 큰 걸림돌로 작용

할 것으로 예상되고 있다. 우주까지 쓰레기장으로 만든 인간의 부주의가 인간에게 다시 피해를 끼치고 있는 셈이다.

우주 쓰레기장의 개발
쓰레기는 버린 사람이 줍는 것이 도리이므로, 우주 쓰레기도 당연히 우주로 비행체를 쏘아 올린 인간이 치워야 한다.

오늘날의 과학 기술만으로도 우주 쓰레기를 처리할 방법은 있다고 한다. 우주 쓰레기장을 만들어 떠다니는 우주 쓰레기를 모두 모은 다음 레이저 광선을 쏘면, 이 쓰레기들이 한순간에 재가 되어 사라질 수 있다는 것이다. 이렇게 하기 어렵다면 우주 쓰레기차를 개발해 이 쓰레기들을 모두 지구로 되가져올 수도 있다.

그러나 오늘날 세계 각국은 우주로 비행체를 쏘아 올리는 데는 막대한 비용을 투자하면서 우주 쓰레기를 처리하는 데는 그만큼 투자하지 않는다.

우주 과학 기술이 하루가 다르게 발전하여 희망찬 우주 시대를 예고하는 오늘날, 우주 쓰레기 문제를 해결하여 '깨끗한 우주'를 보전하지 않는다면 인류의 앞날에 어떤 희망이 있을까?

4부 기타

1  강력한 에너지, 무서운 핵무기 – 핵 에너지

사람이 움직이는 데도 힘이 필요하고, 공장의 기계나 자동차처럼 생명이 없는 물체가 움직이는 데도 힘이 필요하다. '에너지'란 이처럼 물체가 움직이는 데 필요한 힘을 일컫는 말이다.

농업이 산업 전반을 차지하던 시절, 사람들은 특별한 에너지원을 필요로 하지 않았다. 농기구는 사람이나 가축의 힘으로도 얼마든지 끌 수 있었으니까. 그러나 인류는 더 나은 삶을 위해 끊임없이 산업을 발전시켰고, 공장의 기계를 돌리고 생산된 공산품을 작동시킬 더 강력한 에너지를 얻으려고 노력했다. 그 결과, 석탄과 석유를 자원으로 하여 강력한 에너지를 얻는 법을 개발했고, 마침내 1942년 우라늄의 원자핵을 분열시켜 인류 역사상 가장 강력하다는 에너지, '핵 에너지'를 얻게 되었다.

핵 에너지의 발견

1938년 독일의 물리학자 오토 한과 프리츠 슈트라스만은 우라늄의 원자핵을 분열시키는 실험을 하다가 소스라치게 놀랐다. 먼지보다 작은 원자핵 하나를 분열시키자, 종이를 눋게 할 만큼의 강한 열(에너지)이 발생했기 때문이다. 원자핵이 분열할 때 발생하는 에너지, 이른바 핵 에너지는 과학자들 사이에 큰 관심을 불러일으켰다.

"원자핵 하나를 분열시킬 때 그렇게 강한 에너지가 나온다면, 수백, 수천 개를 잇따라 분열시키면 얼마나 강력한 에너지가 나올까?"

과학자들은 원자핵을 연쇄적으로 분열시킬 수 있는 방법을 찾는다면, 석유와 석탄을 대체할 만한 강력한 에너지원을 얻게 되리라 믿고, 원자핵의 연쇄 반응을 일으키기 위해 실험에 몰두했다.

마침내 1942년 10월 이탈리아의 물리학자 페르미가 이 실험에 성공하자, 과학자들은 핵 에너지의 어마어마한 위력에 넋을 잃어버렸다. 우라늄 1g의 원자핵이 연쇄적으로 분열을 일으키자, 석탄 3000kg을 태워야 얻을 수 있는 강력한 에너지가 발생했기 때문이다.

이로써 핵 에너지는 인류 역사에 등장하게 되었다.

원자핵은 한 번 분열을 일으킬 때마다 '자유 중성자'라는 작은 입자를 두 개씩 내보낸다. 페르미는 이 자유 중성자들이 다른 원자핵에 부딪치게 하여 핵분열을 이끌어 냄으로써 원자핵의 연쇄 반응 실험에 성공했다.

전기를 일으키는 핵 에너지

1954년 소련에서는 세계 최초의 원자력 발전소 '오브니스크'를 세워 농축 우라늄의 핵이 분열할 때 발생하는 에너지로 전기를 일으켰다. 그 뒤 세계 여러 나라에서 원자력 발전소를 건설했고, 핵 에너지는 세계 각국에서 귀중한 에너지 자원으로 쓰이고 있다.

원자핵이 분열할 때 발생하는 핵 에너지로 발전기를 돌려 전

기를 일으키는 원자력 발전소는, 물이나 불의 힘을 이용하여 전기를 일으키는 것과는 비교도 안 될 만큼 강력한 전기 에너지를 생산했다. 가령 화력 발전소에서 석탄 3톤을 태워서 일으키는 전기를, 원자력 발전소에서는 우라늄 1g만으로 일으킬 수 있었던 것이다.

　산업 시설이 하루가 다르게 늘어 가고 전자 제품의 사용량이 날이 갈수록 증가하는 오늘날, 핵 에너지는 세계 여러 나라에서 전력난을 해소하는 데 큰 도움을 주고 있다. 우리 나라에서도 온 국민이 사용하는 전체 전기 소비량의 40% 가량을 원자력 발전소가 공급하고 있다.

무서운 핵무기

그런데 이 강력한 에너지가 에너지 자원이 아니라 무기로 쓰인다면 어떻게 될까? 핵 에너지는 전쟁 무기로 쓰이면 인류 역사상 그 예를 찾아볼 수 없는 무시무시한 재앙을 몰고 온다. 이는 최초의 핵무기인 원자폭탄이 불러일으킨 재앙만 살펴봐도 잘 알 수 있다.

　1945년 8월 6일, 미국은 제2차 세계대전을 마무리하기 위해 일본의 히로시마에 원자폭탄 한 발을 떨어뜨렸다. 순간 히로시마는 지옥의 땅으로 변했다. 폭발 지점에서는 사람·집·건물 할 것 없이 땅 위의 모든 것이 가루가 되어 사라졌고, 11km²에

달하는 지역이 불타 올라 수만 채의 집이 불탔으며, 히로시마 인구의 40%에 달하는 16만 명이 목숨을 잃었다. 그로부터 사흘 뒤인 8월 9일 나가사키에 떨어진 두 번째 원자폭탄 역시 마찬가지였다. 4만여 명이 죽고, 4만여 명이 부상을 당했으며, 4.6km²에 달하는 지역이 불바다가 되었다.

제2차 세계대전 때 히로시마와 나가사키에 떨어진 원자폭탄은 당시 가장 강력한 무기였던 티엔티(TNT) 2만 톤을 한꺼번에 터뜨릴 때 나타나는 폭발력과 맞먹을 만큼 무시무시한 힘을 지니고 있었다. 그러나 이러한 원자폭탄도 오늘날 개발된 핵무기에 비하면 장난감에 불과하다. 오늘날에는 이 원자폭탄보다 훨

씬 더 강력한 핵무기가 수천 기나 개발되어 세계 곳곳에 도사리고 있다.

깨끗하고 안전한 에너지를 찾아서
초강력 에너지, 핵 에너지는 무기로 이용될 때만 무서운 게 아니다. 핵 에너지를 이용하여 전기를 일으키는 원자력 발전소도 관리를 소홀히 하면 핵무기와 똑같은 재앙을 몰고 온다. 옛 소련에서는 1986년에 체르노빌 원자력 발전소가 폭발하여 인근 지역에 사는 수많은 사람들이 목숨을 잃었고, 원자폭탄이 떨어졌을 때와 똑같은 피해가 발생했다.

원자력 발전의 부산물인 핵 폐기물도 큰 문제이다. 원자력 발전을 일으키는 원료인 우라늄은 채굴하여 농축하고 연료로 가공하는 과정, 그리고 원자로에서 핵분열을 일으키는 과정에서 각종 폐기물을 발생시킨다. 이 폐기물은 다른 산업 폐기물에 비해 양은 적지만 방사성을 지니고 있어 큰 문제다. 땅 속이나 바다 밑바닥에 깊이 묻어 두어도 방사능을 누출할 위험이 있기 때문이다.

인류는 지금껏 강력한 에너지를 찾아 왔고, 그 결과 핵 에너지라는 가공할 만한 위력을 지닌 에너지 자원을 발견했다. 그러나 핵 에너지는 강력한 만큼 심각한 문제점을 지니고 있다.

그렇다면 앞으로 인류는 어떠한 에너지를 개발해야 할까?

강력하면서도 위험성이 없는 에너지, 미래의 에너지는 바로 그런 에너지여야 할 것이다. 오늘날 과학자들은 석유나 석탄처럼 공해를 일으키지 않고, 핵 에너지처럼 폭발을 일으키거나 방사성 물질을 내보내지 않는 새로운 에너지 자원을 찾기 위해 노력하고 있다. 태양열 에너지도 그 중 한 가지다. 앞으로 연구가 계속 진행된다면, 태양열 에너지는 물론이고 바람이나 파도를 이용한 안전하고 깨끗한 에너지가 지금까지의 에너지 자원을 대체하는 '미래 에너지'로 자리잡게 될 것이다.

2 빠른 이동, 매캐한 공기 – 자동차

조선 시대에 부산의 선비가 서울로 과거를 보러 가려면 짚신을 몇 켤레씩 짊어지고 길을 나서야 했다. 천석지기의 자제가 아닌 다음에야 서울까지 죽 걸어가야 했는데, 그러려면 짚신 한 켤레로는 어림도 없었으니까.

이렇게 걸어 걸어 서울에 도착하려면 짧아도 20일이 넘게 걸렸다. 그랬으니 기껏 서울에 도착해 놓고 몸살이 나서 시험을 포기하는 선비가 어디 한둘이었을까?

그러나 이런 이야기는 그야말로 '옛날 말'이다. 오늘날에는 길만 막히지 않으면 서울에서 부산까지 다섯 시간이면 갈 수 있다. 도로의 왕자, 자동차가 있으니까.

최초의 자동차

최초의 자동차는 1769년에 프랑스의 군인 니콜라스 조셉 퀴뇨가 만들었다.

당시 군대에서는 무거운 대포를 수레로 날랐는데, 수레바퀴가 웅덩이에 빠지거나 돌부리에 걸려 군인들이 몹시 고생했다. 어느 날, 퀴뇨는 부하들이 고생하는 모습을 안쓰럽게 바라보다가 멋진 생각을 하게 되었다.

"수레에 스스로 동력을 일으킬 수 있는 기계를 달면, 말이나 사람이 끌지 않아도 저절로 움직이지 않을까?"

이 때부터 퀴뇨는 스스로 움직이는 차, 즉 '자동차'를 만들기 위해 연구하기 시작했다. 가장 중요한 것은 수레를 움직이는 동력 장치를 만드는 것. 퀴뇨는 당시 기계의 동력원으로 새롭게 등장하던 증기 기관을 수레에 맞게 개량했다. 수레 앞바퀴 위에 커다란 구리 보일러를 설치하고, 이 구리 보일러에서 수증기를 일으켜 그 힘으로 피스톤을 움직임과 동시에 피스톤과 연결된 수레의 앞바퀴가 움직이게 한 것이다.

"어, 어, 말이 끌지도 않는데 수레가 저절로 움직인다!"

퀴뇨가 자동차 시험 가동을 하던 날, 사람들은 그 모습을 보고 모두 넋을 잃었다. 그러나 기술이 부족해서 그랬을까? 안타깝게도 이 자동차는 2km도 못 가서 벽을 들이받고 망가지고 말았다. 말하자면 퀴뇨의 자동차는 최초의 자동차이면서 아울러 최초로 교통 사고를 일으킨 차였던 셈이다.

빠르게 문 앞까지 실어나른다

그 뒤 타이어와 가솔린 엔진이 발명되자 자동차는 먼 거리를 빠른 속도로 안전하게 달릴 수 있게 되었고, 마침내 20세기 초에는 마차를 몰아 내고 '도로의 왕자'로 군림하게 되었다.

자동차가 발전하자 산업은 더욱 빠르게 발전했다. 선로를 따라 달리는 열차가 대량의 원료와 상품을 먼 거리로 운반하면, 자동차가 이 화물을 나누어 싣고서 목표지의 문 앞까지 운반해 준 것이다. 덕분에 공장에서는 상품을 더욱 빠르게 생산하게 되었고, 소비자들은 생산된 상품을 더욱 빨리 구입할 수 있게 되었다. 이 과정에서 지역 중심의 시장이 전국 규모로 확대되었고,

기업의 상품 생산 규모가 더욱 커졌다.

자동차는 산업 발전에 필요한 원료와 공장에서 생산한 공산품만 실어나른 것이 아니었다. 열차와 함께 육상 대중 교통 수단의 하나로 자리잡으며 사람들도 빠르게 실어날랐다. 덕분에 사람들은 주말을 이용해 산이나 바다로 여행을 떠나는 등 더욱 편하고 여유로운 생활을 누리게 되었다.

맑은 공기와 바꾼 편리함

그러나 자동차는 앞으로는 멋지게 나아가면서도 뒤로는 시커먼 가스를 뿡뿡 뿜어 대는 웃기는 녀석이다. 이 시커먼 가스를 '배기 가스'라고 하는데, 자동차의 배기 가스는 하늘로 올라가 맑은 하늘을 더럽힌다. 전국에서 대기 오염이 가장 심각한 서울의 경우, 서울 하늘을 뒤덮은 오염 물질의 80% 이상이 자동차가 뿜어내는 배기 가스로 이루어져 있다.

하늘이 오염되는 것은 비단 하늘의 문제만은 아니다. 이 공기를 마시고 사는 것은 사람이니까. 서울 같은 대도시의 거리를 조금만 걸어다니면 가슴이 답답해지고 기침이 난다. 어디든 빠르고 편하게 가고 싶다는 인간의 욕구가 우리의 도시에서 맑은 공기를 걷어가 버린 것이다.

무공해 자동차를 개발하기 위한 노력들

'집 없이는 살아도 자동차 없이는 못 산다'는 말이 나올 만큼 자동차는 우리 생활과 밀접히 연결되어 있다. 그러나 이 편리한 발명품의 이면에는 대기 오염이라는 무서운 그림자가 도사리고 있기도 하다.

그렇다면 이 위대한 발명품이 죄를 씻게 해 줄 방법은 없는 것일까?

자동차가 배기 가스를 내뿜는 것은 연소 과정에서 각종 해로운 가스를 내뿜는 석유를 연료로 사용하기 때문이다. 그러니 석유를 연료로 사용하지 않는 자동차를 개발한다면, 배기 가스 문

제도 자연히 해결될 수 있지 않을까?

　오늘날 세계 각국에서는 오염 물질을 내뿜지 않는 깨끗한 자동차, 이른바 '무공해 자동차'를 개발하기 위해 노력하고 있다. 그 대표적인 예가 전기 자동차와 태양열 자동차이다.

　전기 자동차는 축전지의 전기로 움직이는 자동차이고, 태양열 자동차는 태양열을 동력으로 움직이는 자동차이다. 이 자동차들은 가솔린 자동차에 비해 주행 거리와 속도가 훨씬 떨어지기 때문에 여러 분야에서 이용되지는 않는다. 그러나 지구 환경을 생각하여 무공해 자동차의 연구에 더욱 박차를 가한다면, 도시에서도 1년 내내 맑고 푸른 하늘을 볼 수 있을 것이다.

3 안전한 고무 바퀴, 처치 곤란한 고무 바퀴 – 타이어

대형 슈퍼에 가면 어머니들은 먼저 장바구니가 달린 손수레를 고른다. 그리고 손수레 위에 아버지께서 드실 맥주와 아이들이 좋아하는 과자와 음료수, 그리고 밀가루·식용유·세제 등 필요한 물품들을 차곡차곡 쌓는다.

그런데 손수레는 참 신기하다. 물건이 아무리 많이 쌓여도 쑤욱쑤욱 잘 나아간다. 대체 그 비결이 무엇일까?

바로 '바퀴' 덕분이다. 바퀴가 땅과 마찰하는 면적을 줄여 주기 때문에 손수레는 무거운 물건을 싣고도 가뿐하게 나아갈 수 있다.

그렇다면 손수레보다 더 신기한 것은 바퀴네? 아, 신통한 바퀴! 그런데 이 신기한 바퀴는 언제부터 사용되었을까?

초기의 바퀴

기록에 남아 있는 최초의 바퀴는 기원전 3500년경에 메소포타미아 지방 사람들이 사용하던 바퀴이지만, 사람들은 그보다 훨씬 이전부터 바퀴를 사용했다.

옛날 사람들은 대개 나무 바퀴를 사용했다. 통나무를 원판 모양으로 잘라 바퀴를 만든 다음, 이 바퀴를 수레에 달아 무거운 물건을 운반했다. 그런데 나무 바퀴는 바퀴로 사용하기에는 심각한 단점이 있었다. 조금만 사용하면 닳아서 모양이 달라지는 데다가 걸핏하면 쩍쩍 쪼개져 사고를 일으킨 것이다.

그래서 등장한 것이 나무 바퀴에 쇠 테를 두른 '쇠 바퀴'였다. 그러나 쇠 바퀴 역시 문제가 없는 것은 아니었다. 나무 바퀴처럼 갈라지거나 닳지는 않았지만, 조그만 돌부리에 부딪히기만 해도 덜컹 퉁겨 올라 수레나 마차를 뒤엎어 버린 것이다.

산업이 발달하여 운송 수단의 발전이 시급했던 시기에, 차량의 발전만큼이나 차량을 빠르고도 안전하게 달리게 해 주는 바퀴를 개발하는 문제는 무척 중요했다.

타이어의 발명

"충격에도 퉁겨 오르지 않는 안전한 바퀴가 없을까?"

사람들의 이런 고민을 해결해 준 것이 고무 바퀴, 즉 타이어였다.

최초의 타이어는 1888년에 영국의 수의사 던롭이 발명했다.

던롭의 아들 조니는 자전거 타기를 무척 좋아했다. 그런데 당시의 어린이 자전거에는 쇠 바퀴가 쓰여, 조니가 다치지 않고 들어오는 날이 거의 없었다.

어느 날 던롭은 울며 들어오는 조니를 애처롭게 바라보다가 빛나는 아이디어를 떠올리게 되었다.

"고무는 쇠보다 충격에 강하니까, 쇠 바퀴에 고무를 덧대면 덜 튕겨 오르지 않을까?"

던롭은 당장 자전거 바퀴에 고무를 덧대 보았다. 과연 자전거가 훨씬 덜 덜컹거렸다. 그러나 이 바퀴에는 문제가 하나 있었다. 자전거가 덜 흔들리기는 했지만 잘 나아가지 않는 것이었다.

그 때 던롭이 떠올린 것은 바로 조니의 축구공이었다.
"그래, 고무 호스에 바람을 넣어 자전거 바퀴에 붙이자! 그럼 고무 호스가 축구공처럼 빵빵해져서 자전거가 훨씬 잘 나아갈 거야."

바람을 불어넣은 고무 바퀴는 쇠 바퀴만큼이나 씽씽 잘 나아갔다. 그 때부터 조니는 자전거를 타다가 다치는 일이 훨씬 줄었다. 안전하고 속도감 있는 고무 바퀴는 아들에 대한 아버지의 극진한 사랑 덕에 태어나게 된 셈이다.

그 뒤 고무 바퀴는 '타이어'라고 불리며 자전거는 물론이고 자동차·오토바이·비행기에 이르기까지 모든 차량의 부속품으로 이용되어 차량의 안전성과 속도감을 높여 주고 있다.

골칫덩어리 타이어

그러나 자동차 수가 급격히 늘고 이에 발맞추어 타이어의 사용량도 엄청나게 늘어나자 골치 아픈 문제가 생겼다. 못 쓰는 타이어, 즉 폐타이어가 산더미처럼 쌓여 새로운 환경 오염원으로 떠오른 것이다.

현재 우리 나라에서 나오는 폐타이어의 수는 한 해에 약 650만 개. 그러나 이 폐타이어들은 대부분 재생되지 않는다. 현재의 기술로는 폐타이어를 완전한 새 타이어로 수선, 가공할 수가 없다. 그런데 타이어는 차량의 안전과 직결되는 부품이므로, 결함을 안고 있는 재생 타이어를 차량에 부착할 경우 곧바로 사고로 이어질 위험이 있다. 이런 위험은 바퀴의 수가 적은 자가용 승용차의 경우에 가장 크다. 그래서 자가용 승용차는 폐타이어를 가장 많이 배출하면서도 재생 타이어를 전혀 이용할 수가 없다.

이렇게 해서 버려진 폐타이어는 수거되어도 뾰족히 처리할 길이 없다. 태우면 독한 가스를 내뿜고, 묻어도 100년 이상 썩지 않기 때문이다. 더구나 타이어는 가공할 때 품질을 높이기 위해 여러 가지 유독 화학 물질을 첨가하기 때문에, 고무만 따로 분리하기도 어렵다. 폐타이어가 도시의 변두리나 농어촌에서 아무렇게나 나뒹굴며 미관을 해치는 것도 이 때문이다.

작은 아이디어가 폐타이어를 되살린다

폐타이어 문제를 깨끗이 해결하려면, 재생 기술을 발전시켜 폐타이어를 100% 재생할 수 있게 하는 것이 가장 좋을 것이다. 그러나 이런 기술을 개발하기까지는 시간이 오래 걸리므로 다른 방법도 생각해 보아야 한다.

다행히 오늘날 폐타이어의 재활용 방법이 하나씩 등장하고 있다. 이를테면 폐타이어에서 고무 부분을 잘라 내어 신창을 만들거나 폐타이어를 갈아 아스팔트와 함께 도로에 까는 것이다. 특히 폐타이어를 도로 포장에 이용하면, 도로의 수명이 기존의 도로에 비해 2~3배나 늘어나고 시공 후 30분 만에 차량 통행이 가능하다는 장점이 있다. 또 1km를 포장할 경우 폐타이어가 2000여 개나 쓰이므로 환경 오염 방지에도 큰 효과가 있다고 한다. 수영장이나 목욕탕의 바닥처럼 미끄러지기 쉬운 곳에 폐타이어로 만든 고무 타일을 깔면 사람들이 다치는 위험을 막을 수도 있다.

골칫덩어리 폐타이어를 훌륭한 재료로 변신시킬 수 있는 방법은 이처럼 생각해 보면 얼마든지 찾을 수 있다. 위대한 발명품이 빛나는 아이디어에서 태어났듯이, 그 발명품의 죄도 빛나는 아이디어로 극복하는 것. 이것이 바로 발명품을 탄생시킨 인류가 해야 할 일이 아닐까?

4 홍수와 가뭄 예방, 물에 잠기는 산과 들 - 댐

옛날에는 가뭄이나 홍수가 나면 어떻게 손을 써 볼 길이 없었다. 가뭄이 들어 논밭이 쩍쩍 갈라져도, 홍수가 나서 집이며 가축이 둥둥 떠내려가도 사람들은 그저 발만 동동 구르며 하늘을 쳐다볼 뿐이었다.

그러나 오늘날에는 가뭄과 홍수의 피해를 많이 줄일 수 있게 되었다. 바로 댐이 있기 때문이다.

홍수와 가뭄을 막아 주는 댐

댐은 가뭄과 홍수를 막기 위해 강물을 가로막아 쌓은 거대한 둑을 말한다. 댐은 크게 저수지와 수문으로 이루어져 있다. 저수지는 물을 저장해 주는 커다란 호수를 말하고, 수문이란 저장해 놓은 물을 흘려 보내는 장치를 말한다.

  댐은 바로 이 저수지와 수문을 이용해 가뭄과 홍수를 예방한다. 평소에는 저수지에 물을 저장해 두었다가 가뭄이 들면 수문을 열어 메마른 논밭에 물을 공급하고, 홍수가 나면 수문을 닫아 물을 흘려 보내지 않음으로써 하류의 논밭이 물에 잠기지 않게 해 주는 것이다.

  인구가 증가하고 도시가 발달하자, 물을 관리하는 문제는 더욱 중요한 문제로 떠오르게 되었다. 이에 따라 댐의 규모가 점점 커지고 시설이 몰라보게 복잡해졌다. 오늘날 댐은 단순히 물을

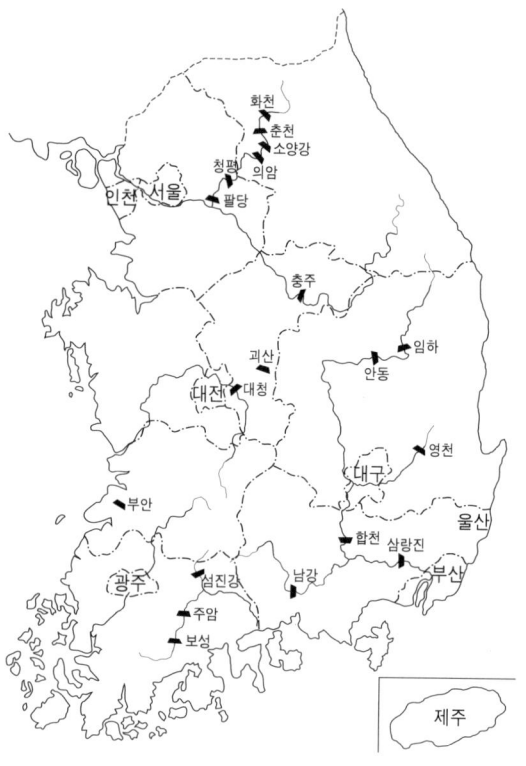

관리하는 역할뿐 아니라 상수원이나 휴양지로도 쓰이고, 전기를 일으키는 등 여러 가지 역할을 수행하게 되었다. 바야흐로 다목적 댐이 등장하게 된 것이다.

다목적 댐은 인류가 자연의 무자비한 힘에 슬기롭게 대처하게 해 주고, 한편으로는 그 힘을 이용하여 생활의 편리를 누리게 해 주는 고마운 발명품이다.

고향을 잃어버린 것들

그러나 인간이 자연의 무자비함에 맞서기 위해 만든 댐은 거꾸로 자연의 질서를 뒤흔드는 무자비한 면도 지니고 있다.

한 지역에 댐이 들어서면, 물을 대량으로 가둬 두는 대규모의 인공 저수지도 함께 생긴다. 수천 년에 걸쳐 이루어진 천연의 자연 환경이 하루 아침에 거대한 호수로 바뀌어 물 속에 잠기는 것이다. 그러면 그 곳에 뿌리를 내리고 살던 사람들과 동식물은 어떻게 될까?

고향을 잃는다는 사실은 가슴 아프겠지만, 사람들이야 미리 이

야기를 듣고 이사 갈 준비를 할 수 있다. 그러나 사람들과 함께 그곳에서 살던 동물들은 하루 아침에 서식지를 잃고 이곳 저곳을 떠돌아야 한다. 이 과정에서 대부분의 동물들은 새로운 환경에 적응하지 못하고 목숨을 잃는다. 더욱이 가엾은 식물들은 물에 잠기거나 베어져 떼죽음을 당하기도 한다.

갑작스러운 환경의 변화는 물을 터전으로 살아온 생물들에게도 큰 영향을 미친다. 강이 갑자기 호수로 바뀌면, 강과 바다를 오가며 사는 물고기들이 사라지고, 이 물고기를 먹고 사는 길짐승과 물새들도 사라져 자연 생태계가 완전히 무너지게 되는 것이다.

함께 사는 세상을 위하여

댐은 사람에게는 크나큰 편리를 제공하지만 가엾은 동식물에게는 한없이 무자비한 발명품이다. 수천 년 동안 이루어진 자연 환경을 파괴하고 가엾은 동식물을 이토록 희생시키면서 이로움을 추구하는 것이 과연 옳은 일일까?

자연은 모든 생명체의 보금자리이므로 누구도 임의로 파괴할 권리가 없다. 또한 생태계는 모든 생명체가 균형을 이루어야 올바르게 유지되므로, 생태계를 파괴하면 결과적으로 사람도 피해를 입게 되어 있다. 그래서 오늘날 몇몇 나라에서는 자연 환경의 보존을 위해 대형 댐을 되도록 건설하지 않으려고 한다. 그러나 우리 나라에서는 아직도 '개발의 논리'에 밀려 곳곳에 대형 댐이 건설되고 있다.

이제는 우리도 의식을 바꿔 보는 것이 어떨까? 대형 댐과 대형 인공 저수지를 건설하여 물을 관리할 것이 아니라 숲을 가꾸고 작은 저수지를 낀 작은 댐을 건설해 물을 관리하는 것이다. 그래도 꼭 대형 댐을 세울 필요가 있다면, 댐 건설 예정지의 자연 환경과 생태계를 면밀히 조사하여 그 곳에 사는 동식물이 안전한 보금자리로 찾아갈 수 있도록 배려해 주자.

이 작은 배려가 쌓이고 쌓인다면, 자연은 모든 생명체에게 안전한 보금자리가 될 것이다.

5 상쾌한 음료, 이빨 썩는 음료 - 콜라

혹시 콜라를 맨 처음 마셨을 때의 기분을 기억하나요?

길쭉한 호리병 같은 이상한 병에 담긴 까맣고 투명한 액체. 왠지 손이 끌려 컵에 봉봉 따르면, 보글보글 거품이 일면서 물방울이 톡톡 터진다. 그리고 한 모금 딱 마시면 아, 그 톡 쏘는 느낌이란! 그리고 나면 입 안에는 달콤한 향이 감돌고…….

콜라는 정말이지 한 번 마시면 절대로 그 맛을 잊을 수가 없고, 마시면 마실수록 더욱 마시고 싶어지는 음료이다.

그런데 콜라가 이렇게 잊을 수 없는 맛을 내는 비결은 무엇일까?

콜라 맛의 비밀

콜라는 이산화탄소를 녹인 탄산수에 콜라나무 열매에서 추출한 액체를 섞어 인산과 향료·설탕·캐러멜 등을 첨가해서 만든 음료이다.

콜라를 따르면 거품이 보글보글 일고 물방울이 톡톡 튀는 것은 바로 이산화탄소 때문이다. 물에 녹아 있던 이산화탄소가 기체가 되어 공기 중으로 날아가면서 나타나는 현상인 것이다.

그럼 콜라가 톡 쏘면서 쌉쌀한 느낌을 주는 이유는 무엇일까? 바로 탄산과 인산 때문이다. 탄산과 인산은 산성을 띠어 신맛을 내는 물질이다. 탄산은 입 안에서 이산화탄소로 변해 코로 올라

가면서 톡 쏘는 느낌을 주고, 인산은 신맛으로 혀에 씁쌀한 맛을 느끼게 해 준다.

자, 그렇다면 이러한 맛 뒤에 혀를 감싸 주는 달콤한 맛은 어디에서 오는 걸까? 물론 설탕을 비롯한 당분에서 나오는 맛이다. 여기에 여러 가지 향신료가 더해져 혀를 감미롭게 해 준다.

또 콜라가 까맣고 투명한 빛깔을 띠는 이유는 탄산수에 까만 캐러멜을 녹여 놓았기 때문이고, 콜라를 마시고 나면 왠지 기분이 좋아지는 것은 신경을 흥분시키는 '카페인'이라는 물질이 콜라 속에 들어 있기 때문이다.

자꾸 마시면 이빨이 썩어요

그러나 콜라는 맛있다고 자꾸 마시면 이빨을 썩게 한다.

왜일까?

콜라의 톡 쏘는 느낌과 씁싸래한 맛의 주인공은 바로 탄산과 인산. 그러나 이 물질들은 강한 산성을 띠고 있기 때문에 이를 녹인다. 그리고 나면 설탕을 비롯한 여러 가지 당분이 녹아서 가늘게 금이 간 이에 찰싹 달라붙는다. 그럼 단것을 좋아하는 세균들이 바글바글 모여들고, 이 세균들이 극성을 떠는 덕분에 이가 야금야금 썩어 버리는 것이다.

더구나 콜라의 카페인은 흥분 작용도 하지만 중독성도 강하다. 그래서 콜라는 한 번 맛을 들이면 계속해서 마시고 싶어진다. 이가 썩어 마시지 않으려고 해도 답답해서 안 마시고는 못 배기는 것이다.

아휴! 마실까, 말까?
자꾸 마시다 보면 어느 새 중독이 되고 이빨을 모두 썩게 하는 콜라. 그러니까 콜라는 될 수 있으면 마시지 않는 것이 좋겠지? 알고 보면 우리 주위에는 콜라말고도 맛있고 몸에 좋은 음료가 얼마든지 있다. 우유, 요구르트, 과일 주스 같은 것들 말이다.
 하지만 그래도 가끔씩 너무너무 마시고 싶을 때는 어떻게 하

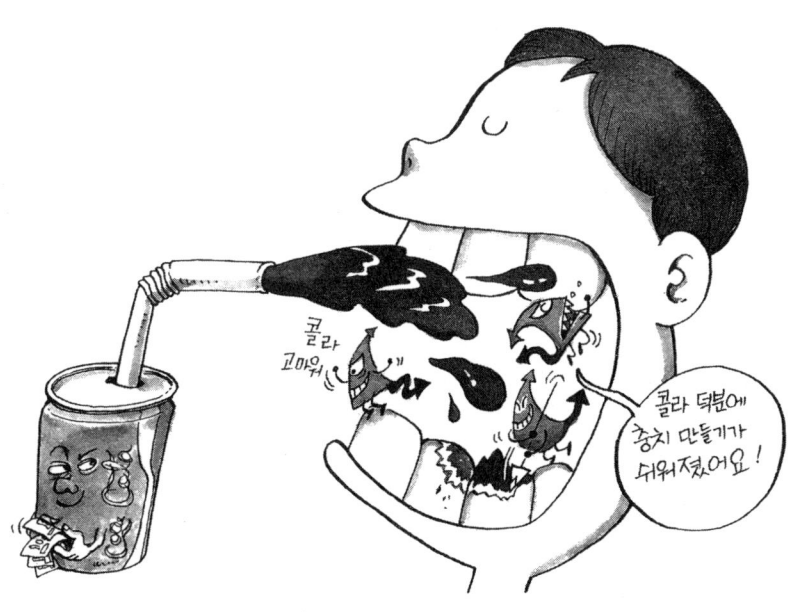

는 것이 좋을까?

할 수 없다. 그럴 때는 마시는 수밖에. 대신 마신 뒤에는 이를 꼭꼭 닦도록 하자. 콜라의 나쁜 성분이 이에 남아 충치를 일으키지 않도록.

6 수술에는 생명의 빛, 전쟁에는 죽음의 빛 – 레이저 광선

공상 과학 영화를 보면, 지구인이 우주의 괴물과 맞서 싸우는 장면이 이따금 나온다. 지구인은 레이저 총을 들고 우주의 괴물을 공격한다. 레이저 총에서 뿜어져 나오는 눈부신 광선에 맞으면 커다란 바윗덩이도, 거대한 괴물도 순식간에 가루로 변해 버린다.

그런데 레이저 광선은 정말로 이렇게 놀라운 힘을 일으킬 수 있는 것일까? 만약 그렇다면 그 비밀은 어디에 있을까?

레이저 광선의 성질

돋보기로 종이를 태워 본 기억은 누구에게나 있을 것이다.

돋보기로 햇빛을 모아 종이에 비추면 종이가 하얀 연기를 내뿜으며 타 들어간다. 종이가 타는 것은 돋보기의 렌즈가 햇빛을

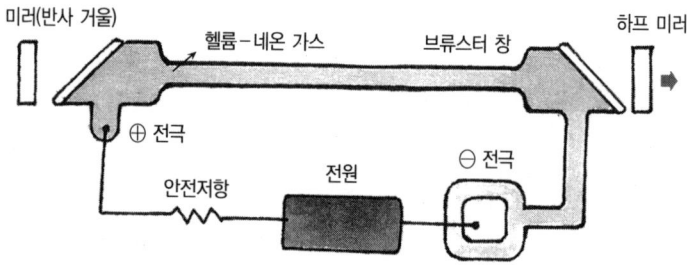

▶ 발진기에 전류가 흐르면, 관 안의 헬륨-네온 가스가 두 개의 반사 거울 사이를 오가며 더욱 밝고 뜨거워진다. 이 밝고 뜨거운 빛이 하프 미러의 작은 구멍을 통해 밖으로 나오는데, 이것이 바로 레이저 광선이다.

작은 점(초점)으로 모았기 때문이다. 이처럼 빛은 한 곳에 모이면 강한 에너지를 발생시킨다. 레이저 광선은 빛의 이러한 성질을 이용해서 만든 '인공의 빛'이라고 볼 수 있다.

 레이저 광선을 일으키는 장치를 레이저라고 하는데, 레이저는 빛을 일으키는 관과 이 관의 양쪽에 놓여 있는 두 개의 반사 거울로 이루어져 있다. 레이저에 빛을 일으킬 재료를 넣으면, 관에서 처음 발생한 빛은 그리 밝지 않고 에너지도 강하지 않다. 그러나 두 개의 반사 거울을 이용해 관 안에서 빛을 계속 반사시키면, 빛은 훨씬 밝고 뜨거워진다. 이 밝고 뜨거운 빛을 돋보기의 역할을 하는 작은 렌즈를 통해 내보내면, 빛은 일정한 파장으로 고르게 흘러 나오므로 더욱 밝고 뜨거워진다. 이렇게 해서 나온 빛이 바로 '레이저 광선'이다.

레이저 광선은 파장이 같은 빛을 정밀한 초점으로 모아 놓은 것이므로 여느 빛보다 훨씬 밝고 에너지가 강하며 똑바로 나아가는 성질이 있다.

수술에 이용되는 레이저 광선
레이저 광선은 강한 에너지를 가지고 똑바로 나아간다는 장점 때문에 오늘날 외과 수술에 널리 이용되고 있다.
　가령 뇌에 암세포가 생겨 병원에 입원한 환자가 있다고 생각해 보자.

뇌에 생긴 암세포를 제거하는 수술은 무척 어렵다. 뇌는 신체의 기능을 조절하는 신경들이 모두 모여 있는 부분이므로, 수술 도중 세포 하나라도 잘못 건드리면 환자가 목숨을 잃거나 신경에 이상이 올 수 있으니까.

그러나 레이저 광선을 이용하면 이렇게 어려운 수술도 쉽게 끝낼 수 있다. 렌즈를 통해 레이저 광선을 가늘게 쏘아 보내면 주변 세포는 건드리지 않고 암세포만 순식간에 태워 없앨 수 있으니까. 또 레이저 광선은 상처 부위를 태워 없애며 모세 혈관도 막아 준다. 때문에 레이저 광선으로 수술을 하면 환자가 수술 도중 피를 많이 흘려 생명의 위협을 받을 염려도 없다. 이런 기술 덕분에 몇 시간씩 걸리던 복잡한 수술이 몇십 분 안에 끝나게 되었고, 수술 성과도 훨씬 좋아졌다.

레이저 광선은 이 밖에도 다양한 용도로 쓰인다. 화성이나 목성 같은 천체가 지구에서 얼마나 멀리 떨어져 있는지 재는 데도 이용되고, 컴퓨터 화면에 나타난 자료를 종이에 인쇄해 주는 프린터(레이저 프린터)에도 쓰이며, 공연장을 화려하게 장식하는 무대 조명으로도 쓰인다.

레이저 총의 등장

그런데 이처럼 강한 에너지를 지닌 레이저 광선이 무기로 이용된다면 어떨까? 영화에 나오는 장면처럼 모든 것을 순식간에 가루로 만들어 버릴 것이다.

　레이저 총은 이제 영화에서만 등장하는 무기가 아니다. 1997년에 미국에서 드디어 레이저 광선을 발사하는 레이저 총을 개발한 것이다. 이 총에서 발사되는 레이저 광선은 1초에 30만km를 나아갈 정도로 엄청나게 빠르고, 소리가 없으며, 태양에서 가스가 폭발할 때 나오는 에너지보다 더 강력한 에너지를 지니고 있다. 때문에 이 총으로 레이저 광선을 뿜어 내면 하늘을 나는 비행기와 미사일도 순식간에 파괴되고, 우주에 떠 있는 인공 위성도 10초 안에 파괴된다. 레이저 총은 인류 역사에 등장한 그 어떤 총보다 강력한 위력을 지닌 총인 것이다.

레이저를 생명의 빛으로

 레이저를 처음 개발한 과학자는 레이저 광선이 지닌 엄청난 에너지를 보고 이 에너지를 어떻게 이용해야 할지 몰라 어리둥절해하기만 했다고 한다. 그러던 레이저 광선이 수술에 사용되어 사람들의 생명을 지켜 주게 되었을 때, 그 과학자는 얼마나 기뻤을까? 그러나 레이저 광선은 전쟁 무기로도 개발되어 사람의 목숨을 위협하고 있다.

 레이저 광선은 한편에서는 생명을 살리고, 한편에서는 생명을 죽이는 두 얼굴을 갖고 있다. '생명의 빛' 레이저 광선은 인류에게 큰 선물이 되겠지만, '죽음의 빛' 레이저 광선은 인류에게 크나큰 재앙을 몰고 올 것이다.

 그러니 레이저 광선이 소중한 '생명의 빛'으로만 쓰일 수 있도록 지금부터라도 법과 제도를 정비하자. 발명품은 그것을 탄생시킬 때 생명을 사랑하고 아끼는 마음을 바탕으로 해야 하지만, 그것을 이용할 때도 그 마음을 잃지 않아야 한다.

위대한 발명품이 나를 울려요

1999년 8월 5일 1판 1쇄
2020년 9월 25일 1판 32쇄

글쓴이 : 햇살과나무꾼
그린이 : 박향미

편집 : 강윤재
편집 관리 : 아동교양팀
제작 : 박흥기
마케팅 : 이병규, 이민정, 최다은
홍보 : 조민희, 강효원

출력 : 블루엔
인쇄 : POD코리아
제책 : 정문바인텍

펴낸이 : 강맑실
펴낸곳 : (주)사계절출판사
등록 : 제406-2003-034호
주소 : (우)10881 경기도 파주시 회동길 252
전화 : 031)955-8588, 8558
전송 : 마케팅부 031)955-8595 편집부 031)955-8596
홈페이지 : www.sakyejul.net | 전자우편 : skj@sakyejul.com
트위터 : twitter.com/sakyejul | 페이스북 : facebook.com/sakyejul
인스타그램 : instagram.com/sakyejulkid | 블로그 : skjmail.blog.me

ⓒ 햇살과나무꾼, 1999

값은 뒤표지에 적혀 있습니다. 잘못 만든 책은 구입하신 서점에서 바꾸어 드립니다.
사계절출판사는 성장의 의미를 생각합니다. 사계절출판사는 독자 여러분의 의견에 늘 귀 기울이고 있습니다.
이 책은 저작권법에 따라 보호받는 저작물이므로 무단전재와 무단복제를 금합니다.

ISBN 978-89-7196-607-5 73400